U0110000

閒讀亂彈

——二十世紀中國文人的風骨與追求

董國和・著

【代序】

書話宜當雜文寫

如果這本小書也與書話沾點邊，還要談一點寫作的志趣和追求，我就直言不諱：書話宜當雜文寫。能有這點見識，這源於我認可唐弢是新文學書話的佼佼者，還非常認可他提出的「四個一點」，也將這一點概括為他的書話特色。但這個「發明」應歸功於高信，我的這點見識是在拾人牙慧。

在當今書話界，高信是唐弢難得的一位知音和追隨者。「實際上，唐先生自己就不能忘情於現實世事，他是學者，也是雜文家。他的書話中並不乏對現實的感應，我們只要看看他一些書話作品的初刊面貌和後來修訂成書的差別就明白了。」高信的這段夫子自道，可以說正是我想改變書話寫作方向的啟蒙。〈鍾情書話在「破格」〉的寫作靈感，就源於他的「破格」。這當然也是我志在見賢思齊，用他的「約法三章」來說，就是「即著筆往昔，著眼現在，追求史料性、知識性與現實性的聯姻。」既然當今的社會包括文化界「本身出了毛病」，就要「以這樣的方式來表達自己的一些管見」。能不能起點作用先不去管它，只要能表達了不同流合污的意願，也就有了志在潔身自好的堅守。別的不敢自誇，不抄襲不掠美，還完全能做得到。讀者諸君如能從這篇小文讀出這點意味來，我這篇文字也就算沒白寫。寫別人其實也就是寫自己，只不過有時是曲徑通幽。

書話宜當雜文寫，再借用高信的話來說，就是近些年文路漸開，文章寫得就是出點「格」，已無「戴帽」之虞了。「有權不用，過期作廢」，既然可以表達一點看法了，自己唯一的資本也就是還能舞動這枝禿筆，又怎能讓它閒置不用。正是有了這種要行使權力的心態，也就口無遮攔地來直抒胸臆了。儘管也知道筆笨詞拙，人微言輕，只能落得個「說了也白說」。但「不說白不說」，說出去了也就痛快了，權當盡到了一點責任。圍觀是一種力量，表達也是一種力量，人同此心，眾志成城，我們的明天也許就會好起來。

書話宜當雜文寫，是雜文自身的優勢。雜文的寫作宗旨就是革故鼎新，激濁揚清，借用這種優勢來舊瓶裝新酒，也覺得「濃妝淡抹總相宜」。愛書人終日裏在書林中厮混，不管是新書舊著，還是時文經典，總能見景生情，忍不住就來它個信筆塗鴉。既然一切歷史都是當代史，讀書就要用當代人的眼光來評點。換句話說，如果將一切書刊都用當代人的眼光來作評點，那借用雜文的優勢來喜笑怒罵，就可以將「一點觀點」全來個盡情宣洩。明乎此，也就能明白，無論是魯迅、唐弢，還是黃裳、朱正以及其他書話大家，他們的書話名篇，其實都是雜文佳作；甚至還可以說，他們都是將書話來當雜文寫，才下筆靈動，文采飛揚，我「雖不能至，心嚮往之」。能悟出了這個道理，這才有了一點長進。

書話宜當雜文寫，還源於雜文的激濁揚清就是宣導真、善、美。真就是指謬和辨誤，也就是避免以訛傳訛。這本小書裏的〈《人物雜誌》有滬版〉、〈關於《文藝哨兵》〉、還有〈《上海文學》的歷史沿革〉，就是這樣的文字。儘管寫的捉襟見肘，也權作一家之言。善為處世做人的根本，還是社會和諧的基礎，〈閒話黃裳義拍〉、〈名士行狀錄〉、以及〈好人寫的德善錄〉等急就章，就意在張揚這種理念。而說到美，它的範圍更寬泛，也仁者見仁智者見智，但我是把朱正的敢自揭其醜當做大美，這才寫了〈心正筆正說朱正〉；謝泳的以書惠友更值得敬佩，也就有了〈以書惠友學謝泳〉；王稼句的見識雖然得有慧眼慧心，〈《秋水夜讀》讀見識〉就表達了我的心儀和想往。此外，邃谷樓主的志在樂常新，流沙河的睿智與幽默，林斤瀾的摯著與操守，還有鐘叔河的癡情，李國濤的清醒、譚宗遠的精細，我都識之為至善至美，也意在步其后塵。這就直陳己見，為之張揚。雖然寫的力不從心，但只要多一些人能知道他們，還能認可他們這一點，我願足矣。

我願足矣，是學步中的受益匪淺，這才樂此不疲。剛學拿筆時，總感到無話可說，就是勉強成篇，也覺得乾癟無味。究其原因，除了讀的少，就是太拘泥書。高信說寫書話要「放得開收得攏」，意思就是「功夫在詩外」。這與沈從文稱寫小說就是貼著人物走，有異曲同功之妙。其實寫書話也離不開人物，而將自己擺進去，就可以左右逢源。這六十篇小文，且不管煩不煩人，反正能下筆千言了，而這都得益於「雜文筆法」。儘管也有人對此斥之以鼻，但自我感覺良好。有志者也不妨一試，條條大道通羅馬，而且文無定法，世上本來沒有路，走的人多了，就變成了路。認可這種寫法的人多了，書話的前途也就更為光明。

當然，書話宜當雜文寫，也得量體裁衣，因人而異。宜也就是適宜，〈邵燕祥先生早期的五部詩集〉，〈林斤瀾先生的第一個劇本〉，〈季羨林早期的小說譯作〉，〈青青柳色新〉，還有〈「詩壇常青樹」的第一本詩集〉，我就沒有多嘴多舌；而〈柳青為何未能寫完《創業史》？〉、〈巴金為什麼也說過假話〉、〈老舍先生為何腰斬《一家代表》〉，議論就多一些，有時還借別人的話來幫助；〈憑書話衷腸〉、〈與《劇本》結緣〉，〈《雨花》緣〉，則乾脆就寫的是散文，拉它們來混充湊數，只不過也多少與書沾點邊。這是否各有千秋，其孰優孰劣，就得由讀者諸君給予指點了。我的如實招來，這也是「畫眉深淺入時無」。如還予以認可，那就一條道走到黑了。

目｜次

第三輯 話刊

第一輯

而立之年的林斤瀾

一九五六年是林斤瀾步入而立之年的第四個年頭，也是他進入創作第一個高峰的開始。只可惜他這最佳狀態持續得很短暫，到一九五七年六月即為結束，短暫的僅有一年半時間。假如不是突如其來的反右使他那勢如井噴的創作激情戛然而止，將不知還有多少篇構思精巧、語言獨特、人物鮮活的佳作，讓讀者驚訝與讚歎。

說到他這一時期的創作豐碩成果，只要翻查一下當年的《人民文學》、《北京文藝》、《文藝學習》，以及《新觀察》和《新港》等名刊，即可赫然入目：《雪天》、《擂鼓的村莊》、《春雷》、《家信》、《姐妹》、《一瓢水》、《草原》，以及《楊》和《臺灣姑娘》等十幾篇小說，此外還有劇本《番茄》、《螺絲釘》等其他作品，都是最好的見證。在如此短暫的時間中，在那發表作品相當苛刻的年代，又全在名刊上發表，這在當時眾多作家中是屈指可數的。難怪《人民文學》小說編輯組組長涂光群，也親自登門向他約稿了。

這裏應當指出的是，小說《春雷》發表在《北京文藝》一九五六年十二月號。它發表後不久《文藝學習》就作了全文轉載，還配發了由著名小說家蕭也牧寫的評論。蕭也牧對小說細節的真實與人物的感人給予了高度評價：「生活的本身是評價作品好壞的最可靠標準」。劇本《螺絲釘》則是以獨角戲的形式首刊於《人民文學》，讓人有耳目一新之感；《臺灣姑娘》發表在一九五七年一月號《人民文學》的「頭版頭條」；而《姐妹》和《一瓢水》則是同刊這家國刊之上。它的版面可稱得上是寸土寸金，一刊兩文這可是它的首例。難怪有的編輯以《一瓢水》「晦澀」為由主張將它割愛，最後驚動了茅盾，小說經他過目後這才得以出世。據說涂光群正在編選一部佳作叢書，其中就有這篇《一瓢水》，可見它在這位當年老編輯心中的分量。

作家就是要靠作品說話，這是他的經驗之談，也是他的為文之道，更是他的藝術追求。正是有此追求，他才有了為文的定力。在反右之前，未寫出格的文章；在反右之中，也沒作批判槍手。前者使他未入「陽謀」之網；後者則讓他終生沒有遺憾。作為一位作家，尤其是有了一定名氣的作家，如何正視自己的寫作慾與發表慾，很難把握好它的尺度與分寸，稍有失控，就會陷入害人害己的尷尬局面。這其中的名利誘惑太大也太難抵制了，更何況它有時還包裝著一身難以辨認的時髦外衣呢。如果說，在「大鳴大放」之時，有那麼多「放言」欄目在等待他的文章。他以藏拙而不為，是源於他那豐富成熟的人生閱歷；那在反右之中，他還不表現出積極姿態，卻做出那讓人瞠目結舌的舉動，就是人性與人品在左右他的言行了。有為文之志，無入仕之心，正是甘於淡泊，才使他成了「講究小說藝術的短篇名家」（涂光群語），也才成了「一生沒有私敵」（程紹國語）的一位作家。中國的作家可謂多矣，可這樣的作家又有幾個？

一九五八年六月，林斤瀾的小說集《春雷》由作家出版社出版。這十四個短篇都經他精心挑選，是他而立之年出版的第一本小說集。此書無序、無跋，亦無作者後記一類的文字，只有當時通行的〈內容介紹〉。但〈內容介紹〉也寫得非常準確到位：「作品的題材多樣而新穎，作者在作品的風格上也作了一些探索的努力。」而有此「新穎」與「探索」的評價，就足以證明他在藝術追求上所取得的成就。

一九五九年十一月，《春雷》再版，印數已由一萬九千冊增至為二萬九千冊，它的熱銷證明了讀者對它的喜愛。但讓人不解的是，他的書在熱銷，人卻被迫放下手中的筆，下放到門頭溝的農村去接受「改造」，而且「還是『帶戶口』下放的第一例，可謂徹底」（涂光群語）。但藝術之神並未疏遠他，他也未因生活的困苦而一蹶不振，僅在一九六〇年至一九六二年三年間，他又在《人民文學》發表了〈新生〉、〈山裏紅〉等讓人刮目相看的佳作，也讓那些妄圖將他驅除出文壇者頗為不解和難堪。這與其說是因禍得福，倒不如說是藝術之神給予他的厚愛。莊稼人有「蹲苗」之說，所謂「蹲苗」，就是讓正在成長中的莊稼斷其水分與肥料，免其因瘋長而不打糧食。他正是有此「蹲苗」，才使他在「文革」後爆發了第二次創作高峰。說到他當年這些作品，他只是輕描淡寫地將它們稱之為「寫的是好人好事」；正是他的不懈追求，才使他直到現在依然「寫作不斷，而且越到近年，越發精彩，風格越獨特、境界越高卓。（程紹國語）」作為林斤瀾而立之年的創作經歷，只是他長達半個多世紀創作生涯的一小部分，其作品也無法與後來的佳作相比。但卻從中可品味他藝術追求之甘苦，見證他創作經歷之坎坷，是研究他藝術人生不可缺少的一頁，有著它現實與深遠的意義。

汪曾祺在《民間文學》的輝煌

《民間文學》創刊之日，也正是《說說唱唱》停刊之時。在編輯人員的重新整合中，汪曾祺就被調到鍾敬文麾下當差。因刊物的級別提升了，他也被提升為編輯部主任。真是給一點陽先就燦爛，從此他在出差乘車時，就「可以享有軟臥的待遇」（何鎮邦語）了，這也成為他解放後的第一個輝煌時段。

《民間文學》於一九五五年四月在北京創刊，正趕上批判胡風，它的創刊詞不僅寫入了長長的批胡文字，在六月號還出刊了批胡專欄。在眾多作者揮戈上陣以示積極的配合中，他卻沒出來湊這個熱鬧。他的筆不善於寫這樣的文字，他的名士派頭也不屑為此。有失就有得，這雖然失去了一次可以成名獲利的機會，沒有撈取這唾手可得的輝煌，但卻得到了心靈的慰藉。他不會因有讓自己臉紅也讓別人難堪的文字而內疚，就可以心安理得地出版自己無須刪減的全集，雖然這裏面的作品也並不全都是精品。

一九五六年十月，是魯迅逝世二十周年紀念日，《民間文學》也在十月號出刊了紀念專欄。專欄發表了兩篇文章，一篇是周遐壽的〈魯迅與歌謠〉，一篇是汪曾祺的〈魯迅對民間文學的一些基本看法〉。在這篇五千多字的長文中，他對魯迅在民間文學認識與態度的轉變過程，進行了認真的梳理，還指出了魯迅在〈革命時代的文學〉一文中，有些地方在認識上出現的偏差。這在已逐漸把魯迅神化的年代裏，是會被視為大不敬的離經叛道。雖然他對此也做了注釋：「因為筆者不大瞭解當時的情況，理解上可能有偏差。」其實這也是破格之語，須有非凡膽識才能寫出的文字。這當然是出於他的性格，不願人云亦云；另外就是出於他的才識了。他也確有見地。他雖非魯研專家，但此文與眾多專家的研究文章相比，確有它與眾不同的獨到見解。

一九五六年是新中國文藝史中的「雙百年」，文藝大門終於推開了由工農兵獨霸的一條門縫，允許一些非主流作家可以進入其中。等待多年的汪曾祺也終於有了用武之地，他也要大展身手，來展示那非凡的創作才華了。於是，在一九五七年三月號的《北京文藝》上，就有了他的〈國子監〉；在同年《詩刊》的三月號和六月號上，也有了他的〈下水道和孩子〉與〈早春（習作）〉；也是在同年的《人民文學》三月號上，還有了他的〈冬天的樹〉，以及〈仇恨　輕蔑　自豪〉等在其他報刊上發表的作品。讓熟知他的作家和讀者，為他重出江湖後的漂亮文字所驚喜，也讓一些人對他不知所云的文字感到困惑和迷惘：這都是寫的什麼玩意呀，他要表達什麼意思啊？〈下水道和孩子〉，名字怪怪的：文字更是怪怪的，什麼「遠樹的綠色的呼吸」，讓人莫名其妙。在他遭受批判的時候，也就有人將此當做罪狀，對他進行了斥責：「連呼吸都是綠色的，你把我們社會主義污蔑到了什麼程度？！（見程紹國《文壇雙璧》）」

其實，他早在實行「雙百方針」之前，就已經開始幹他的私活了。京劇劇本《范進中舉》就是在一九五四年開始動的筆，它還在一九五六年的演出中獲了獎。如果說，寫〈魯迅對民間文學的一些基本看法〉是出於業務的需要，他才專作此研究的話；那〈早春〉、〈冬天的樹〉等表現意境美、生活美和自然美的作品，就是他的一種追求、一種張揚、一種有意而為了。這道理很簡單，在他看來，牡丹有牡丹之美，不知名的草花也有它們各自的多姿多彩；它們應和諧共存，爭芳鬥豔，而不應為顯示一方來壓制一方，甚至將一方毀滅。它們同屬於大自然的恩賜，並無高低貴賤之分。它們之所以有了高低貴賤的區別，只是人們因利益的需要在有意為之而已。這就使百花齊放，爭奇鬥豔的局面受到壓制，也就出現了單調、單一的景象。這不利於文藝的健康發展，也是不和諧的體現。他將這些作品有意為之，並將一些作品謙稱為習作而展示出來，就是為它們爭取一席生存之地。這是他在為「百花齊放」的實施來貢獻的一份才智，也是他在努力實現自己的理想與追求。他成功了，它們能在這些國家級的刊物上發表就是一個最好的認可。他也因此贏得了他在新中國創作史上的第一個輝煌。但遺憾的是，這個輝煌的時期太短了一些，也使他一些更具有文采的作品胎死腹中。

一九五七年突如其來的風暴，使《民間文學》的主編鍾敬文不幸落馬，汪曾祺也為湊夠指標所規定的人數而成為一名「候補」。他施展才華的筆桿被剝奪了，他在第一階段的創作輝煌也就到此結束。但他的這些作品，卻被他多次選入自己的文集，以來展示他這一時期在創作上所取得的輝煌。它們不僅可與他第二、第三次所取得的輝煌作品共同存在，而且還各有千秋。這是他在《民間文學》時期所取得的創作輝煌，他不可將它們忘卻，「汪迷」們更不可將它們忘卻。

按著在哪裡跌倒就在哪裡爬起來的說法，在他一九六二年重新出山之後，理應在《民間文學》展示他的文學風采。但他卻移情別戀，將小說先交於《人民文學》發表。是當年的候補之舉讓他心寒呢，還是他的小說不適合在此刊發？因不掌握這方面的材料，也就說不清楚。但他在《民間文學》這一時期創作上的輝煌，不僅成了他輝煌的的開始，也同時成了《民間文學》的輝煌。它因此而增添了收藏的魅力，還會讓關注汪曾祺的人，也關注它此時的輝煌。

書林世象寫真

袁濱在《秋緣齋書事・跋》中，說到當今讀書人的福氣，有以下數語：「或者什麼也不做，放逐思想，自我陶醉，都不會被斥為『小布爾喬亞』情調，乃至被領導批評被群眾批判了。」說得不錯，但如再妄加一句，那就是還應敢不平則鳴。讀書是為了明理，如明知不對不平也不敢言不平之語，那讀書再多又有何用？《秋緣齋書事》為啥那麼受網友的歡迎，就因阿瀅有「路見不平一聲吼」的山東硬漢文筆，言他人不敢言之言，將書林世象公之於眾，此中也包括書友對他提出的批評。這種無粉飾、不諱過的實話實說，誰讀了都會對他增添三分敬意。

《秋緣齋書事》開篇是一月四號的購事之事，他與書友石靈等人從仰聖街購書後，又來到一家舊書店，與店主商購《二十五史》精裝本。此套皇皇巨著有二百多冊，是店主從某市一位退休副市長家花一千八百元買來的。書為十品，根本沒人讀過。寫至此處，他發感慨道：「現下，某些領導在藏書的粉飾下，面對前來求官、行賄的下屬，往往以高檔藏書顯示其博學儒雅，滿腹經綸，以至高深莫測。」前一陣子為何金書、禮品書那麼盛行，看此即可知其一二了。書林並非皆為高雅聖潔之地，揭開其髒醜之處，它與其他難與啟齒之事也是毫無遜色的。

寫雜文者有一條不成文的忌諱，那就是雜文不言身邊事。何以如此？怕遭打擊報復也。四川秦中飛詩詞案，即證明他們並非是庸人自憂。但秋緣齋主人則無此忌諱，對於泰安「的哥的姐」「罷工」之事，在四月十四日的書事中將事件真相公之於眾；並在四月十六日書事中將政府妥協，禁「摩」政策取消之事做了後續報導。對此，他有此感言：「真是胡鬧！政府在出臺政策前應做充分論證，確實可行才能出臺政策，這樣出爾反爾，威信何在？」是啊，早知今日，何必當初呢？

或言，寫這事與書人又不沾邊，寫此何用？這不是風馬牛不相及嗎？非也，計程車「罷工」，淘書者在訪書時無車可坐，當然也成了受害者。只有社會和諧，讀書人才可安下心來讀書。如像文革中處處造反，人人焚書，哪裡還可放下一張安靜的書桌？莫謂書生空議論，憂國憂民於此中，他關注社會底層民眾的仁厚之心，盼望社會和諧的迫切之意，於此可見也。

由於郵局的不負責任，致使眾多書友寄給他的書、信多被丟失。對此，他在書事中也大加痛責。在三月二十日所記丟失書刊之事後，他的批評頗為尖銳：「服務質量如此之差，主要是獨家經營的弊端在做怪。只有引進競爭機制才有可能改變這種工作作風。」到了七月十一日的記述，言詞就更加激烈：「郵政服務再這樣下去，離垮臺真是不遠了。」這是他因袁濱兩次寄書均未收到，而徐雁寄書走的是私人快遞，服務好，價格低，兩相對照，他才發有此語。這就是秋緣齋主的書事風格，因書說事，因書議世，痛快淋漓，快人快語。讓人讀得痛快，讀得有味，也讀得清醒明白。

對社會上的不良風氣他敢於痛責，對書林中的俗氣醜行他也直言不諱。三月十三日所記《陽光》雜誌改版之事，他就謂之「不倫不類」。對於編輯徵求意見，他的回答也毫不客氣：「太失望了」，讓人看到了他性格耿直率真；在所記淘得兩冊劉浩歌簽名之書時，因見書中有不少領導人的題詞，他寫下這樣的文字：「由此可見作者是位社會活動家，在一部文學作品集上印有領導人的題詞，不倫不類，似有賣弄和利用領導人抬高自己身價之嫌。」真是一針見血，句句點穴。書品與人品，於他於已，讓人一目了然。

一年十二個月所記書事，並非都為劍拔弩張，金剛怒目的文字。也有優美的文筆，抒情的華章，還有風趣幽默的逸聞趣事。在七月十三日所記收到《散文家》雜誌時，因刊有兩位分手夫妻的文章，其中一位還寫的就是他們暫短的婚姻，他才有了以下文字：「二人看到這期雜誌一定非常尷尬。因為譚延桐現在廣西，路也在山東，編輯可能不知道他們的關係，無意中把他們的稿子安排到同一期上了。」看罷此則軼事，是否也勾起要讀那期《散文家》的欲望呢？無意之中，還為這家雜誌做了廣告。一個朋友將圖書館的書借花獻佛送給他，也照錄不誤，難怪有位書友讀後，說是可以寫成書話呢。

秋緣齋主人是《泰山週刊》的總編，對所編報紙如何，他記述了桑農對《泰山週刊·泰山書院》的評價：「專版和長文是不是多了點？當然，不是說這些不好，每月那麼一期就行了。讓出點版面，多提供一些資訊，多給一些作者露露面，不是能爭取和吸引更多的作者和讀者嗎？單一必然單調，會產生『審美疲憊』的，也許會失去許多讀者。」對此，他說這意見很對，準備改進。《秋緣齋書事》寫法五味雜陳，喜怒笑罵皆有，讓人不覺單調，也許他就是受此啟發的。

誠如自牧為此書所寫跋語所言，《秋緣齋書事》也是一本日記體的書話。在他的寫法風格上，我覺得他是有意在延用唐弢、龔明德的某些寫作風格，敢鳴不平之語就是其中之一。書中寫有不少他與龔明德先生的書事。龔先生在他所寫書話考證中，就多有不平之語。這需有血性，有見識，還需要有骨氣。如都是清詞麗句，甜言蜜語，一味的歌功頌德，視人間不平於不見，是不能稱之為讀書人的。讀書就是明理，明理則要開啟民智，不如此，何言創建和諧社會？

「你們這班人，儘是書呆鱉。不去爭官做，不去弄錢財。總是抱本書，活得真遭孽。」秋緣齋主此書多有不平之語，其「路見不平一聲吼」的筆法，也是有點「遭孽」，因為這是有人不喜歡的，看看那有關「敏感詞彙」的提示語，就可知道了。但他依然我行我素，秉筆直書，這也就是他可敬之處。他說：「將來《秋緣齋書事》如果能對研究現階段讀書界狀況提供一點資訊和史料的話，那正我所期望的。」除此之外，還應再加一句，他還是提供了書林外的世象和他自己的讀書態度與寫作手法，這就是他沒有想到的了。

邃谷樓主樂常新

有的人，名字也如同他本人一樣有魅力，讓人一見如故，過目難忘。我雖然與來新夏先生緣慳一面，但第一次見到他的大名就兩眼為之一亮。此名起的太好了，新夏正是萬木蔥郁，生機勃勃之時，喻示著發達和興旺。尤其新字，更是萬物興盛之本。待讀了他的《邃谷談往》，才對這個新字有了新的認識。原來這新字正是他人生的寫照，也是他學術的追求，還是他文章的筋骨。一句話，邃谷樓主樂常新，這是他生命的靈魂。

〈林則徐情結〉是《邃谷談往》卷三的壓卷之作，正可見證他的新字情結。說來讓人感歎，他重寫《林則徐年譜》那年，正是他處於人生低谷之時。「六十年代，我被投閒散置，終日皇皇，憂思愁慮，束書不讀，沉湎煙酒，行之經年，意興蕭索。自忖若就這樣混過餘生，實有未甘；審視案頭林譜殘稿，亦難以割捨。一日，忽仰屋而思，林則徐偉業被冤，萬里赴戎，猶遍歷荒漠，為民造福，寄情詩文，怡然自得，我何得自廢如此？」正是有此頓悟，這才有了他新的人生起點。

新的人生就是著書，讓生命在創作中閃光。他由此煥發精神，重新投入了年譜的寫作。歷經年餘，終於將三十萬餘字的《林則徐年譜》完稿。雖是出版無門，但卻讓他有了新生的喜悅，恢復了寫作樂趣。然而在「文革」之初，為了避禍，卻不得不忍痛將它付之於丙丁。後來他被遣至市郊務農，仍賊心不死，在茅屋草舍之中，夜深人靜之時，秉燭奮筆，寫成三稿；四年後他蒙恩獲准重回故園，就乘逍遙之機，改定出三十四萬言的定稿。到了八十年代，它才終得出版。書雖驚動了海內外，他卻並未滿足。綜合各方面意見，利用新獲得資料，重新增訂，又成四十五萬言新書。此時他雖然已過耳順之年，然而寫作興趣依然不減當年，可謂雄心猶在。若問何以如此？他欣然答之：「是學之無止境，而我心則尚存更新之遠圖也。」

正是他心存更新之遠圖，十年後，他又將《林則徐年譜》增至六十萬餘言，為香港回歸獻上了一份厚禮，而這已是他六易其稿了。他的學術新生，可以說就是從寫作《林則徐年譜》開始的；也可以說，他的人生之路，也是由此才有的「更新之遠圖」。學後而知不足，這也就成了他更新觀念，常學常新的人生境界。在《有關天津租界的書》一文中，他對《天津租界談往》書作者那種「不做官，只作事」的寫作心態，給予了高度評價：「不辭辛勞，訪問耆舊故老，爬梳斷簡殘篇，孜孜以求，終成宏業。」其實，這又何嘗不是他的人生寫照？他在此文結尾處那喟然而歎：「學之固無止境也」，也正是他常學常新的人生注解。至今他雖然已是八十多歲的老人，仍然筆耕不輟，佳作不斷，這正是他有更新追求，更新目標，更新遠圖的心態。

他不僅自己有常學常新心態，對年輕人他也寄此厚望。有此，在《於細微處見學問》一文中，他提出了「檢驗一本著作或一篇論文，往往從是否新角度和有無新材料著眼」的新標準。正是從新字上著眼，他對《中國的門文化》作者的讀書方法才大為讚賞：「作者觸及到經史子集這類常見書，賦予舊史料以新生命，推陳出新，成為新材料。」為什麼呢？因為「過去，我的幾位老師都曾教誨我要讀常見書，要讀已見書，只有從這類書中讀出新意來才是真有學問，不要獵奇。」此真是金玉良言，也句句不離新字。這是他在向年輕人傳授作學問的真經，是樂把金針度與人的高尚品格。對於書評書話的寫作，他提出了「有褒有貶，不容溢美」，但這是針對知名專家學者而言的；「至於對默默無聞或尚未知名的中青年學者則應鼓勵多於批評，增強他們奮進的勇氣，日新常新」，重點還是放在一個新字上。新，已成為他的人生追求，他的立身之本。

正因為他已將求新當作立身之本，仰慕他的後學們也將此當作人生追求，也已有眾多追隨者。《潛廬藏書紀實》書中有篇〈一葦爭流縱隨筆〉，是徐明祥寫讀他〈且去填詞〉的心得，其第三點就是對書話寫作開闢新史源的思考。他在〈開闢北京文獻新史源〉一文中，提出這樣的新觀點：「社會歷史狀況不能只作空洞抽象的剖析和根據臆測來推論，而應該以具體的史實資料來再現其基本面貌；但要做到這一點，往往會出現資料不足和不詳的情況，因此，如果對一地一事一人做研究，首要工作便是尋求史源，搜集和挖掘史料。」對他將筆記作為一種私檔應被視為一種有待開闢新史源的觀點，徐明祥完全認同。因此，徐明祥也提出了書話寫作應有新材料，開發「新書源」的新見解。一石激起千層浪，可以肯定，今後的書話寫作，將會出現一個暫新的局面；而這則應歸功於他，因為他是這新見新識的新創者。

對於藏書的最後歸宿，是每個愛書人都難以處置的問題。來老藏書甚富，對如何處置它們，他也有過由舊觀念轉變為新舉措的一段認識過程。他的幾萬冊藏書，現在已歸為他老家浙江蕭山縣圖書館收藏，館裏有為他專門修建的藏書室，為藏書找到了一個最好的歸宿。在〈藏書的聚散〉一文中，他寫了將藏書化己為他的原由。他送一友人的書，因友人病逝，家人將其藏書散落出來。他的書有一冊流入舊書攤，因書中有他的簽名，被一位書友買回寄給了他。此事對他震動很大，從此就開始考慮藏書歸宿問題。反醒了自己對藏書認識的舊觀念，這才有了「不散之散」的新舉措，也為眾多藏書者的如何處置找到了一條新路，於己於他，真是善莫大焉。如果說年輕時有新的頓悟還較為容易，那老年有此新的飛躍則非常困難。這畢竟是他幾十年的收藏心血，這也是一筆不小的資產。在為謀財而不惜害命的當今，他此新舉，真讓人嘆服，讓人敬佩。

最近，在關於圖書館工作的一次講演中，說到圖書館員的工作態度，他用「勤」、「韌」、「新」三字做以概括。對於新，那就是要儲備「新的知識」，要學會「新的東西」，這是他的切身體會。他有一個同學，英國牛津大學畢業，因受挫之後一蹶不振，無新的知識儲備，在重新上崗後因不能勝任，留下了無盡的悔恨和遺憾。這個教訓，真讓人警醒也值得深思。而他自己七十高齡了還要學電腦，就因這是新東西，可以使他的研究寫作增添更加便利和快捷。「新，就是追求」。這是他對新的理解和認識，也是他對新的實踐和嚮往。正因他時時刻刻對新有新的追求，他才樂觀向上，朝氣蓬勃，還筆耕不輟、佳作不斷。有的人三十的年齡八十的心態，而他卻是八十的高齡年輕的心，就因為心境新舊所致。理解他對新的追求，也就懂得他為什麼能與時俱進。

邃谷樓主樂常新。那就讓我祝願他：在新的一年裏，再出新作，再有新的研究成果，給我們更多新的驚喜。

藍英年的果戈里情結

一個人在青少年時期留下的記憶，常常會讓他終生難忘。藍英年先生就因在十六歲時讀了一本名為《果戈里是怎樣寫作的》書，就使他與果戈里有了終生難以割捨的情結。

那是一九四九年的秋天，心儀蘇聯文學的藍英年正讀高中。有一天他得到了本《果戈里是怎樣寫作的》，就如饑似喝地讀了起來。書中那豐富而有趣的情節，讓他讀得津津有味、如醉如癡。但讀完以後，又讓他充滿了不解和疑惑。書中第一頁有這樣一句話：「……在蒼白的，甲狀腺腫的萎縮的幻想上面，果戈里走過了他的一生……」。這「甲狀腺腫的萎縮的幻想」是怎樣的一種幻想？還有，在《死靈魂》裏，一些人物明明是面目可憎的地主，在這本書裏為什麼變成了英雄？這些謎團都讓他百思不解，而越不能解就越想解，越想解也就對果戈里越感興趣。其實，這位對果戈里充滿敬意的文學青年，早已成為了果戈里的一個「粉絲」。有一次他去醫院看病等著叫號，讀《密爾格拉得》因著了迷，醫生連叫幾遍他都沒聽見。好奇的心中劃上了疑惑的問號，也就讓他產生要破解這一謎團的願望。

還真是天遂人願，上大學時藍英年被分在了俄語系，為他實現這一願望架設了一座橋樑，也讓他拿到了一把可以進入研究果戈里大門的鑰匙。精通了俄語後，他終於知道在俄語中人物與英雄本是一詞，這才明白《死靈魂》中的那些地主，為何誤譯為了英雄，也讓他蹬上了研究大門的臺階。然而，要想進入其中，還要先讀《果戈里是怎樣寫作的》俄文原著，它才是可以開啟門鎖的密碼。可是原著難得，無有解鎖密碼，他也只能暫時在大門外的徘徊，讓那顆果戈里情結的種子，埋藏在心中，等待滋潤它發芽破土的春雨。

這時機一等就是十年。到了一九五九年，有一天他在蘇聯《星火》第十四期的雜誌上，看到了一篇〈果戈里是怎樣尋求批評的〉文章。仔細品讀完後，他對這位大作家那種不但不追求褒獎，而是十分在意各種各樣批評的精神所感動，就將譯文寄給了《文學知識》雜誌社。譯文很快就在國慶號上發表了，讓他與果戈里十年的情結，終於露出了小小的嫩芽。

然而好事多磨，嫩芽在暴風驟雨中摧殘中，沒能夠開花結果。「文革」中他成了牛鬼蛇神，被揪出來也經受了革命小將的「戰鬥洗禮」。好在他根紅苗壯，又心胸開闊，該吃就吃、該喝就喝，把空閒時間都用來讀書，將牛棚當做了自修的大學。更值得慶幸的是，在患難中他還有幸結識了一位漆先生。這位資深的歷史學家一再鼓勵他，要他就此機會加油充電，以為將來寫《果戈里評傳》做知識的積累。「棚友」的鼓勵與教誨，又給他那顆果戈里情結種子，注入了一股甘泉。良言一句三冬暖，老先生的支持與鼓勵，給了他信心與勇氣，成了他奮進向上的動力。在《且與鬼狐為伍》中，他用飽含深情的筆墨，記述了這段難忘的友誼，表達他對老先生的感激之情。

一九七七年六月，他被邀請去福州參加魯迅譯文序跋注釋討論會，有幸與戈寶權先生相識。閒談時他提起了《果戈里是怎樣寫作的》原著本，戈先生痛快地答應回京後找給他看。待他到戈先生家拜訪時，那冊讓他尋覓已二十多年的書，早就擺放在桌子上了。望著那冊藍色封面的舊書，讓他就像終於拿到了進入大門的密碼一樣，複雜的心情難以用語言來表達，同時也堅定了要破解那些謎團的决心。讀完原著，證明他當年的懷疑無錯，書中確實有許多誤譯和刪掉的地方。由此，他想到了魯迅先生的教誨，寫文章除了要知道大作家是「應該這麼寫」外，還應該知道「不應該那麼寫」。因此他決定將它重新翻譯出來，以讓有志寫作者和喜歡果戈里的讀者從中受益，也讓他心中那顆果戈里情結的種子開花結果。書稿很快就被譯完，書也很快由天津人民出版社出版。從一九四九年他讀這本書，到一九八〇年出版他這本譯著，前後正好是三十年。而在這三十年中，十年發芽、十年培土、十年開花結果，讓人感慨，讓人感歎，更讓人感動。一段往事，從此也成為一段文壇佳話。

十八年過去，彈指一揮間，到了一九九八年，遼寧教育出版社又將《果戈里是怎樣寫作的》納入《萬有文庫》出版；十年一瞬，在二〇〇六年十一月，臺灣一家出版社又將它用繁體字出版。不算天津人民出版社那連續再版五次的數量，僅以出版社計，它就有三家出版社的三種版本。由此也可知它是多麼的受歡迎；一九八五年，他的譯作《回憶果戈里》也被天津人民出版社出版，他與果戈里的情結，終於有了最完美的結局。

在臺灣版的《果戈里是怎樣寫作的》中，有一篇他寫的譯序：〈魯迅先生的遺願〉。在譯序結尾，有這樣一段話：「能做到中文簡潔流暢，又能多少傳達出原著的風格已經很不容易了。多少譯者曾為自己的文字不簡練，傳達不出原著的風格而苦惱啊！苦惱也許也是一種推動力，起碼推動我對本書八〇年譯本做了一次逐字逐句的修改。結果如何呢？也許仍然是苦惱吧。」如果我們能將這兩本書進行逐字逐句的對讀，查證出他又做了哪些修改，不僅可以從中學到文章「應該還這麼寫」和「不應該那麼寫」，還從中可以體會到，他對果戈里近六十年的情結，是多麼的難以割捨和一往情深。

喜讀沙葉新

《幸遇先生蔡》，喜讀沙葉新。

《幸遇先生蔡》發表在今年（二〇〇九）《上海文學》八月號，是沙先生的一部新劇作，也是他的扛鼎之作。寶刀不老，爐火純青，大氣從容，舉重若輕。別聽他說自己是「老雞伏籬」已「沙狼才盡」，其實他是在「屢批屢寫」中「我要加油呀」，為給人們一個意想不到的驚喜。

如果對沙先生做一個最簡單最準確又最公正的評價，那就是說真話。「說真話」是他寫在《隨筆》《文苑之星》上的夫子自道，是他做人和創作的原則。他上高二時就發表作品，曾與文痞姚文元亮劍過招，也曾以《約會》、《陳毅市長》引起過轟動，還因為《假若我是真的》、《大幕已經拉開》招惹過是非。五十多年的為文之旅，他每一個腳印留下的都是一個真字。《幸遇先生蔡》雖然是他「轉到隨園再就業」之作，卻是潛心打造的又一精品，讓「善作劇樓」增光添采，也讓他對此名號問心無愧。

《幸遇先生蔡》寫的是蔡元培先生入主北大的幾個片斷，沙葉新據此精心編寫成為五幕話劇。心中充滿了對蔡先生的敬意，他才寫出了一個有血有肉敢做敢當的「現代孔子」。而為了這「幸遇」的完美，他堅守「不趨時、不媚俗、不去狹隘地為現實政治服務」的寫作原則，為表現蔡先生的「相容並包」、「我不下地獄誰下地獄」治校精神，他才將魯迅、胡適等人物安排在幕後，而讓范文瀾、傅斯年等人走到了台前，使「蔡元培之前沒有蔡元培，蔡元培之後再無蔡元培」更加真實可信。戲寫得感天動地，光彩照人，就得益於他的「說真話」，能給人以強烈的藝術震撼和享受。

《幸遇先生蔡》的成功，還得益他在「幸遇」上作足了文章。北大是在「校將不校」的危難之既，才讓蔡元培臨危受命，擔當起整頓重任。正是有此幸遇，才讓蔡元培成為了中國的「現代孔子」，也開了創北大的百年輝煌。而為展示蔡元培這歷史性的幸遇，第一幕就展示了他上任伊始的改革勇氣：「學校是個聖潔的地方，這個大門一定要把好，不能讓校外骯髒的東西帶進來。」隨後才寫了他如何實施「相容並包」的治校原則、不拘一格地選拔教授的聘任制度；寫他是如何開啟了女子入校讀書的先河，如何立下了平民可以旁聽的規矩。而他因此處處制肘，才有了「辦教育是如此之難、之苦、之艱、之險」的浩歎。戲寫的動容動情，感人肺腑、催人淚下，將一個「古今完人」栩栩如生地還原於舞臺，再現了「現代孔子」的治校風彩。

《幸遇先生蔡》的最後一幕寫的是五四運動，一幕六場戲，一場比一場精彩，也一場比一場感人。它起伏跌宕、扣人心弦，但又從容大度，有張有馳。是喪權辱國的條約要秘密簽定，才讓蔡先生陷入了准不准許學生罷課遊行的兩難困境；而為了營救二十名被捕入獄的學生，他不顧有人已出價三百萬要刺殺他的兇險，奔走呼號將他們全部營救出獄。而當二十出獄學生在歡迎大會上，一一上臺向他鞠躬表示感激之情時，一個「古今完人、現代孔子」才屹立於北大每一個學子心中，也屹立在中華民族千年青史。寫蔡先生的作品可謂多矣，但能產生如此強烈藝術效果的，可以說唯有《幸遇先生蔡》。這就是話劇獨有的藝術魅力，這也是沙葉新要精心打造它的真實用意。

有了《幸遇先生蔡》，才讓今年的話劇舞臺有了新的看點，也讓話劇百年史有了新的輝煌。沙葉新在創作之旅幸遇了蔡先生，才讓他有幸再一次劇壇折桂；而蔡先生能在誕辰一四〇周年幸遇沙葉新，也可以讓他有此知音而在天含笑。而正是有了他們這一歷史性的幸遇，才讓話劇迷們有幸一飽眼福。

喜讀沙葉新，還想再讀沙葉新。

文人筆下的韓石山

文人寫文人，形象又傳神。但兩者的關係應是既熟悉又無恩怨，不熟悉是望風捕影，難以為信；而過分親密則會在情不自盡中予以拔高，或取好舍壞。至於「粉絲」要溢美，「文敵」會誣陷，就難免失真。如那些被韓石山酷評過的文人來寫他，還難免會被妖魔化。那麼，與韓石山並無恩怨的文人，又如何來為他「樹碑立傳」？

一次，去五臺山。長途汽車一路顛簸，許多人昏昏欲睡，韓石山唱酸曲為大家解乏。他這樣唱道：「一更裏來張秀才，你把老娘門拍拍。二更裏來……」韓石山搖頭晃腦唱完「張秀才五更全本」（張秀才耐心十足步步緊逼終於如願以償，寡婦半推半就一本正經失身而不失貞），把大家的精神吊了起來。我看著眯著小眼滿口黑牙的韓石山，活像《小二黑結婚》裏的小諸葛。太陽照耀著一九八七年八月的那個下午，一段聲色並茂的小調印入我的記憶，與它一起搖晃的還有蜿蜒盤曲的山路。

這是吳亮《八十年代瑣記》中的一節文字，發表在《作家》二〇〇七年四期。此文不長，卻極為傳神。其中那兩個關鍵詞：「眯著小眼滿口黑牙」和「活像《小二黑結婚》裏的小諸葛」，讓人盡可去想像韓石山的風彩。山西水質不好，可將牙腐蝕變色。他的「滿口黑牙」，實為水之所害。這也是他想逃離山西的原因之一。但有一分出路，誰不想到水甜景美的地方去生活？只可惜他逃離乏術，只能終老家鄉了。

寫韓石山牙色的還有王成啟，他在《文壇俊傑亦師友——文講所學習生活瑣憶》中寫道：「韓石山也是第一次見面，他長我一歲，時年三十三歲，一開口滿嘴焦黃的牙齒，只有一顆牙齒是白牙。我問是怎麼回事？他說山西的水含氟濃度高，山西人多都是黃牙齒，那顆白牙是假牙。」滿嘴焦黃一點白，寫得妙極。吳亮筆下為何無有哪一點白？因時隔八年，假牙已被腐蝕的黃白難辨了。

王文寫韓石山，還寫了他的口才與博學：「韓石山來文講所時，是山西汾西中學教師，他大學畢業後教書十餘年，練就極佳的口才。所裏經常有學習討論，小組選代表發言大家總選他，他成了代表大家發言的專業戶。韓石山發言旁徵博引，侃侃而談，儼然大家。例如談愛情，他可以信口說出中外名人談愛情的名言，並講出引文的出處，如數家珍。」韓石山後來也經常四處講演，還十分受歡迎，看來他「極佳的口才」又與時俱進了。對此，他也頗為得意：「人在年輕的時候，有兩個工作是應當做的，一個是當教員，一個是參軍」。這是他在一次演講中說的話，是對自己當年當孩子王生活的認可。當年他如無此磨煉，哪能到處口吐蓮花？

王文傳神之筆，還在最後：「他有一篇小說〈北京文學〉說留用，但還沒有登出來，文講所放假時，他打算把在農村的妻兒接到北京玩幾天，因為有地方住。他沒有錢，便別出心裁給《北京文學》主編李清泉寫封信，還給我看，說『身為鬻文之人，常懷空囊之羞』。那封信把李清泉打動了，特支給他九十元稿費。他便圓了接妻兒到北京的願。」此事如與「九毛九」帖來進行對讀，他那「最合我那鄙吝的心性」形象，才更顯的光彩照人。

何為「九毛九」？欲說此帖，這得從《一個笑話的重新解讀》說起。此為韓石山新作，說他退休後，打算與夫人重演「文君當壚」。可他又捨不得投資，覺得還是這耍筆桿無本買賣只賺不賠。為此還與拾破爛的做了比較，覺得確實划算，就發帖向網友吹噓，於是就得此讖帖：「這正好符合九毛九的特點，韓老師不愧是山西人呀。」「九毛九」何意？臨死前還再爭一分之利的吝嗇鬼也。《亮劍》中李雲龍說楚雲飛從娘肚子裏就學會了打算盤，也是此意。他以一信換來「圓願」之旅，同時也爭得一份發稿權，這是何等精明！但也不得不承認他信寫的好，如無文采，何以能得到李清泉認可？

韓石山「圓願」之旅讓人感動，在家又是怎樣一副「德性」？已有人為他留下當年的寫真：「韓石山的對聯是『曾因酒醉鞭名馬，生怕情多累美人，』橫批是『笑傲王侯』。」這是寫他在搬進作家樓後展示才藝之舉。他對自己的書法頗為自信，所書又為郁達夫名句，其得意洋洋之態，正是「笑傲王侯」寫照。但這只是《作家樓裏說作家》開篇語，最傳神的文字還在下邊：

一日，忽聽一人在韓石山家門口可著嗓門，肆無忌憚地唱歌。此人童男音色，懶懶洋洋，五音不全卻唱得興致勃勃。而且翻來覆去就那麼一句，「大阪城的姑娘辮子長呀，兩個眼睛真漂亮。」句子唱得不成腔也不成調，但卻隨心所欲地在「真」字上狠下功夫，此人在韓家門口重複這句唱詞大約五、六分鐘的時候，我腦子裏形成了一個關於他的完整的形象：一個太原大街上繫著紅腰帶的十七、八的「哥們兒」。每當這「哥們兒」歌聲一停止，韓石山便說話了：「哎，這個不是這樣地」，或「把刷子拿過來」等等。我很納悶，韓石山在五層樓上自家門口教街上的小弟兄唱新疆民歌？用刷子？終於忍不住，打開門看，卻不見什麼賴小子，只有韓石山一人正在給他家的門上油漆。我疑團未解正待關門，就見韓石山自己衝著門框子又來了一句，正是那句自由舒展而成的新疆民歌。我便從此知道，整日西服革履的韓石山裏頭竟有這樣一個也叫韓石山的人？」

此「我」何人？作者北明是也。此文副標題是〈山西作家近期剪影〉，發表在一九八九年第四期《文學自由談》。此時韓石山還未紅未火，文章寫的就無所顧忌，原汁原味原生態，讓人們看到家中韓石山形象，也明白為何吳亮能留下「一段聲色並茂的小調印入我的記憶」，而且還是「酸曲」了。也許這「活寶」也給《文學自由談》留下了深刻的記憶，以後「招降納叛」，讓他在此打拼了幾年，還混了個「文壇刀客」的名號。此為後話，且看下面這精彩文字，先來過把眼癮。

又一日，我聽見韓石山惡狠狠地叫門：「開門，老爺回來啦」。便有人開門，讓「老爺」進去。並不總是「老爺」，有時是他學外國人學說中國話，一搖身便成了春節聯歡晚會上小品中那個金髮碧眼的中國五好丈夫：「玉蓮，開門，我是大山」。新樓隔音不好，隔不多日，便可聽見韓石山平民味道十足的日常生活節目。天長日久，我便覺得這麼多的韓石山加起來終於是一個嘻嘻哈哈地說笑、輕輕鬆鬆地走路、自自在在地過日子的韓石山。他也讀《二十四史》，也欣賞街邊走過去的自自然然真真實實的俏麗女子，也伏案揮灑文字，但對電視裏頭的大人物和螢幕中喬裝打扮故作姿態的明星以及嘰哩咕嚕的義大利歌劇詠歎調永不感一絲興趣。

在這篇〈剪影〉中，對所寫的「晉軍」人物都做了精典概括：「最審美的是李銳，最理想（理想主義）的是鄭義，最灑脫的是張石山，而最深刻的是成一」。但對韓石山卻未著一字。是不好概括，還是未成氣候難以精典？不知道。也正應了那句後來者居上的老話，當他在《文學自由談》東殺西砍幾年之後，終於得到了碧珂先生的概括：「文壇刀客」，從此他就有一個酷評家的名號。此文發表在一九九九年第六期的《文學自由談》，真是「成也蕭何，敗也蕭何」，《文學自由談》讓他紅了，但也背上這個惡名。

韓先生乃山西人氏，恰與關老爺同鄉。不過先生使的究竟是正宗「青龍偃月」還是複製贗品，待考。據韓先生自稱屬於「二把刀」，別人說是謙虛，我理解為「兩把刀」——一把用來對付張王李趙，另一把則專門護衛鶯啼燕囀的「小女人」。

對此譏諷之語，張石山頗為不滿。他在《刀客，「你以為你是誰」？》中為韓石山「揚名立萬」：「關老爺同鄉韓某受此鼓舞，說不定愈加老夫大發少年狂，迎來第二春，抖擻老骨頭，真個以為自家好馬快刀義烈千秋似的。」好傢伙，在此石山看來，彼石山乃過五關斬六將的關雲長，這可真夠他受用的。其實細一想也並不奇怪，石山誇石山，吹的准沒邊。他們同名異姓，都為晉軍人物，韓石山又在當紅之際，吹捧他幾句，也在情裏之中。所以看文人寫文人之作，得先看他們的關係如何，道理就在於此。

《文學自由談》二〇〇七年在評選最佳作者時，將韓石山評選為「五虎上將」第二，也就是關老爺兄弟張飛，雖差了一級，也是再為他加油鼓勁。對此，蕭沉在《二十二張臉譜》中，也將他作以評說：「這位面帶微笑六十來歲的老狙擊手，在頻施冷槍之後終於『顯形』了，他那鏡片後面眯縫兒的小眼睛似乎在提醒你說——『哥們兒，千萬別有漏兒，一旦叫我撿著，可就算你倒楣了』。」「那鏡片後面瞇縫兒的小眼睛」，與吳亮文中的「小眼睛」，都成了這位「百發百中的老狙擊手」容貌看點。不過，他對這位「笑面虎」雖然稱讚有加：「他在文壇的『遭恨指數』如果能有一架測量儀給他通上電的話，那指針沒商量，一下子就會打到頭。」但一句「但願這位老當益壯的老韓在文壇能一如既往地將『惡人』做下去，與一流作家比肩」，將他劃在一流作家之外，也未免太狠了點。

研究歷史的高手，都不迷信所謂的正史，而對野史情有獨鍾。有了野史的細節，他們對歷史的解讀才鮮活生動。讀一個作家的傳記或他的自述，也應讀點這類「野史」，有它們加入，才更為真實也更為可信。不知韓石山有無自述一類的文字，也不知有無傳記出版或正要出版。但通過這一鱗半爪，一個眯著小眼睛的韓石山，還有那滿口黑牙、活像小諸葛，但又能言善辯、且又輕鬆自在、精明計算的形象，就鮮活起來。大名鼎鼎的「文壇刀客」，其實也不過如此。

柳青為何未能寫完《創業史》？

一

《創業史》原計劃寫四部，但只出版了兩部，柳青就英年早逝。他為何未能寫完，是因病還是無時間？都不是。如細究原因，只能說是他自己放慢了創作進度。他的女兒劉可鳳在《延河》二〇〇八年第五期，發表了一篇〈歌謠散拾〉，其中有這樣一段話：「寫《創業史》的柳青也苦悶地探索，不斷停下來讀歷史，又在日記中思考說合作化運動的幾個不具備：農民的文化素質不具備，農村幹部的管理水平不具備，機械化條件不具備……」這就表明，他的寫作是因與現實發生碰撞，使他不得不有此選擇。這就好比建造一座大樓，第一層剛完工，卻發現資金和圖紙都出了問題，只得停工來修改計畫，而不想偷工減料將它建成豆腐渣工程。當然他也知道，這會有太多太大的損失，卻仍然無怨無悔。這只要看一看《創業史》的創作進度，就可一目了然。

《創業史》在《延河》一九五九年第四期開始連載，至第十一期結束。同年在《收穫》第六期發表，一九六〇年五月由中國青年出版社出版單行本。〈內容介紹〉稱它共有四部：此為第一部，寫互助組階段，第二部寫農業生產合作社的鞏固和發展，第三部寫合作化運動高潮，第四部寫全民整風和大躍進、至農村人民公社建立。一九六〇年，他除了在《延河》第三期發表了補寫的第二十二章〈深山一家人〉，還在第十期開始發表第二部的第一章。此期〈編後記〉說：「柳青同志的長篇小說《創業史》，第二部分上下兩卷。上卷寫農業合作社的鞏固，下卷寫農業合作社的發展。」此外，《延河》還分別發表了鄭伯奇的〈《創業史》讀後隨感〉，朱寨的〈讀《創業史》〉，和〈座談《創業史》第一部〉評論文章，都異口同聲對它給予了讚揚和肯定。

一九六一年，《延河》第一期發表了《創業史》第二部的第二、三兩章；第四、五期合刊號發表了第四、五兩章。第六、七兩章發表在十期，並有〈作者附記〉。他對它的停發作了如下說明：「《創業史》第二部發表到第七章，在全部完成以前，不再逐章發表了。作者願趁這個機會，向所有已經改編，正在改編和準備改編《創業史》第一部為電影劇本、話劇本、戲曲劇本和連環畫腳本的同志們要求：最好暫緩改編。如果不得不立刻改編，請不要展開梁生寶與對立面的面對面鬥爭，不要把徐改霞當做女主人公安排。這不符合整個《創業史》的總意圖。逐章發表這幾章的動機，就是想以事實說服那些不是從這個方面就是從那個方面把第一部當做完整、獨立的小說要求的同志們。此外，作者企圖拿歷史創造英雄的觀點來寫這部小說的努力，我希望改編者考慮。」此後，一直到一九七七年《創業史》再版，第二部也只出了上卷的單行本。他一九七八年六月十三日因病去世，《人民文學》在第十期發表了它下卷的幾個章節。一九七九年為紀念他逝世一周年，下卷出版了單行本。但第十八章至二十八章因是未定稿，在情節上與一至十七章有些地方並不完全銜接。由此可知，他自一九六一年十月至「文革」遭受迫害，五年間才僅僅寫了二十一章，其中還有十章為草稿。那麼，他創作進度為何突然放慢了呢？

按說此時柳青正值盛年，寫作技巧已達爐火純青之境；自一九六二年「小陽春」後，創作環境又相對寬鬆，他如一鼓作氣，足可直搗黃龍。就算四部不能殺青，第二部總可以按計劃在一九六四年前後出版。他為何不發表了，還放慢了創作進度？對此，他在〈關於《創業史》覆讀者兩封信〉的第二封信中給了這樣的答覆：「你們來信對《創業史》第二部表示關心。出版社也告訴我：他們收到了許多信件詢問第二部的出版時間，希望作者公開地回答。可惜我還不能明確地回答這個向題。我想：至少在兩三年內，不可能出版。這是因為對農村社會各階層人物的精神狀態進行系統的勘察、掘進、開採、提煉和加工，是很費功夫的工作。不錯，我從頭至尾參加了我國農村的社會主義革命，整個《創業史》的故事情節大體上也想好了；但對於這種內容的小說，所完成的，包括第一部在內，難道不僅僅是一點基礎，遠遠地沒有決定性的意義嗎？」對此，他還說：「我不能沒有失敗了再重寫的準備，因為我寫作時永遠有創作苦悶，常常感到自己缺乏才能，功夫不深。這個事實如果對熱情的讀者不坦白，我就不僅是不尊重文學事業，而且是不認識自己。（一九六二年第三期〈延河〉）」

這是公開的理由，不公開的則寫在了他的日記裏。三十年後由他女兒公之於眾，成了一把可破解《創業史》不能寫完的鑰匙。假如他不是有意放慢，而是乘勝追擊，或者像當年那些當紅作家一樣，也入住北京西山來加快寫作進度，它不僅很快就能出版，還有可能將「一個作家」的位置取而代之。果真如此，那不僅可以改變他全家人的命運，也就改變了《創業史》的含金量。而他正是出於「尊重文學事業」，也充分「認識自己」，才捨此而就彼，做此無奈之舉，這其中的關鍵又是什麼？

二

這其中的關鍵，就在於《創業史》的「史」字。《創業史》的創作意圖，柳青要將它寫成「一部描寫中國農村社會主義革命的長篇，著重表現這一革命中社會的、思想的和心理的變化過程。」他在另一個地方又重申：「《創業史》沒有別的主題，就是一個：農民放棄私有制，接受公有制的過程、方式、心理」。這也就是他所說的：「作者企圖拿歷史創造英雄的觀點來寫這部小說」。因此，他才在第一部題記寫下了：「家業使兄弟們分裂，勞動把一村人團結起來」；《題敘》也從「一九二九年，就是陝西饑餓史上有名的民國十八年」開始著筆，第一部也就在統購統銷新政策開始實行後結束。

但吊詭的是，三十年後的一九五九年，也就是《創業史》問世的那一年，一場遍佈全國的饑餓已勢不可擋地由農村漫延到城市。這場大飢餓史稱「三年自然災害」，也叫「三年困難時期」。但它產生的真正原因，卻是「三分天災七分人禍」。對此，學者武春生在〈尋找梁生寶〉一文有獨到之見：「你可以強迫人家賣出多餘的糧食，你卻無法強迫更多的糧食自己從地裏長出來。人都是事後諸葛亮，一帆風順中，誰曾會想到共和國已經走到了一個危險的歷史的三岔口，不但有『右』，『左』的傾向也一個勁向已經手握大權的窮人招手呢！本來，糧食的緊張毫無疑問會刺激糧食生產，糧價上漲了，市場經濟這無形的手自然會調動農民生產糧食的積極性。但我們卻逆客觀規律而動並把每一步遇到的經濟問題都想靠調整人與人的關係來解決。」「結果呢？餓死人！（《讀書》二〇〇四年第六期）」凡是「三年自然災害」親歷者，提起當年的餓飯，仍然心有餘悸，柳青自然也不能例外。

柳青是作家不是政治家，在當時的情況下，他當然不會有超前之見。但他生活在農村，有親戚曾向他借糧救命，這一切都會讓他有所思考。他因此而苦悶，只得停下筆來想從讀史中來尋求答案。其實對於「人禍」，他發表在《延河》一九五八年第十期的〈雨夜〉，就是一個荒唐的記錄：「現在，兩個人站在約三尺深的坑裏。高春學在前面用钁頭挖土，高光學在後頭用鉄鍬往外撩土。我走到坑邊，他們停住了。」他以為是村裏死了人，為節約時間才在夜晚挖下葬墓坑，還為「大躍進的形勢多麼緊張呀」而喝彩，但一問才知道是在深翻。這二人是村幹部，白天沒時間，才在夜間深翻種躍進試驗田，為得是落實「八字憲法」。二人還向他做了解釋：「人家翻八尺深，俺兩個老漢，我說：翻三尺算哩」。這果真能增產嗎？「三年自然災害」就是最好的答案。可他卻當頌歌來唱，由此可知，「人禍」並非一人之功，實為萬眾一心的「傑作」。狂熱後他有了猛醒，這才將〈咬透鐵鍬〉改為〈恨透鐵〉，也放慢《創業史》的寫作進度。他的此舉，就是不想將《創業史》，寫成〈雨夜〉那樣應景的「屎」作。他要寫的是農民翻身脫貧致富史，是欲與〈靜靜的頓河〉相媲美的史詩。

〈咬透鐵鍬〉發表在《延河》一九五八年四月號，一九五九年出版單行本時做了重大修改並易名。一九七九年再版〈出版說明〉，將創作主題歸納為：「作者認為群眾的覺悟要在民主管理中提高，幹部的能力要在民主管理中鍛煉，敵人要在民主管理中暴露。任何領導的包辦加群眾性的強制，都不能代替這個過程。」如果這是他對「包辦代替」表達的思考與見解，那對糧食統購統銷政策，也表現在《創業史》一九七七年修改本上。初版本〈第一部的結局〉在寫到關於糧食統購統銷時，他除引用了毛澤東在十月所作批示，摘錄了中共中央的相關決議，還發了一通議論：

「要知道，好多歷史事件，都是逼出來的。譬如，不搞五年計畫，不一定會有糧食市場緊張；糧食商人不會搗我們的亂，不一定在一九五三年實行統購統銷；不統購統銷，互助合作不一定會一下子結束逆水行舟的階段，而快馬加策。歷史老人的腳步並不亂。沒有上帝！是辯證法同志決定：舊勢力在滅亡以前囂張和瘋狂，讓它刺激我們，逼使我們很快地發動消滅舊勢力的鬥爭，義無反顧(《收穫》一九五九年第六期）！」可以說，《回憶梁生寶》的見解就是由此而發，但他在修改本中，對此作了大量的修改，並將它刪除了。作此刪除，證明他的思考與武春生不謀而合，但卻比武春生早了近三十年。正是有了這樣的思考，他才對閻綱說：「不要給《創業史》估價，它還要經受考驗；就是合作化運動，也還要受歷史的考驗。一部作品，評價很高，但不在讀者群眾中間考驗，再過五十年就沒有人點頭(《大寫的人》第一四八頁)。」他說此話是在一九七七年，幾年後農村實行了「大包乾」，已證明了他的遠見卓識。而將《創業史》寫作進度放慢，避免「豆腐渣」工程害人害已，這也是為了它五十年後仍然有人「點頭」。

萬事開頭難。《創業史》從一九五四年開始動筆，四易其稿而成。按柳青的構想，《創業史》「第二部和第三部也沒有『面對面搏鬥』。這部小說矛盾衝突的頂點安排在第四部裏。有些矛盾在前三部裏逐漸解決，但是梁生寶與郭振山、與姚士傑中間的兩個矛盾，還要逐漸加深，並且把作者的意圖暫時隱蔽起來，而不能只圖一時痛快，使全書的結構支離破碎！(《延河》一九六三年第八期)」可見他早將「整個《創業史》的故事情節大體上也想好了」，只待大筆一揮，就可指日可待。

然而開頭容易收尾難。柳青要寫真實的《創業史》，卻因生活的真實無法再寫下去。這除了他已經認識到了「農民的文化素質不具備，農村幹部的管理水平不具備，機械化條件不具備」外，更難的卻是如何將這「三個不具備」寫入《創業史》。《歌謠散拾》作者在記述民謠「竇劉晏韓張，五姓住新莊。生產多方便，何必聯他鄉」產生經過後，還對這個作者因詆毀農業合作化運動所經受的不幸遭遇，以及柳青日記所言，寫下了這樣發人深思的文字：「可見當時有思想有責任感的人都在思考，問題在於怎樣表達。」「怎樣表達」對於「有思想有責任感的」柳青來說，還真是一個大難題。實話實說不可能，彭大將軍就是前車之鑒。但他又不想將其美化，兩難之中，唯有放慢寫作進度，等待寬鬆的一天。他停筆不寫《創業史》了，在等待和讀書思考中，卻寫了〈耕畜飼養管理三字經〉，又寫了〈建議改變陝北的土地經營方針〉，以來表示他憂國憂民之心。這憂國憂民，就是由合作化「三個不具備」引起的思考。

三

〈耕畜飼養管理三字經〉發表在《延河》一九六三年第二期，胡采還為它寫了讚賞的文章。柳青為何要寫這「不務正業」的「三字經」？這只看它寫的內容就清楚了：「有社員，不明理，圖工分，為自己，用牛馬，不愛惜。」俗話說，借來的牲口有勁，牲口姓了「社」，誰還愛惜它們？從互助組到人民公社已走過了十個年頭，將牲口當做命根子的莊稼人，為何還要用這種形式來進行「教育」？看來，「家業」並不見得就「使兄弟們分裂」，人民公社的「一大二公」卻已經將人心搞亂。「集體富，都有利，隊裏窮，是真窮」，柳青不靠工分吃飯，社窮社富均與他無關。他用它來警醒社員，也只是希望王家斌這個梁生寶的人物原型和燈塔社，真能像「燈塔」一樣創造出脫貧的奇跡，以讓它的輝煌業績寫入《創業史》。只是，政策多變，運動不斷，再加上三個所不具備，燈塔社也只能成了個暗淡無光的妄想，脫貧也就成了一個夢。柳青也只能在所讀史書中，來思考他《創業史》的癥結所在和應該如何走出困境。

如果不是臆猜，柳青將《創業史》主人公取名梁生寶，應有「糧生寶」的寓意。民以食為天，手中有糧，心中不慌。這才有了統購統銷和「以糧為綱」的政策。為此，他在〈第一部的結局〉中，寫下這樣的話：「歷史上沒有過一次黨的決議，像一九五三年十月的決議引起這樣普遍的思想變化和情緒變化！」又發出了這樣的感歎：「莊稼人啊！莊稼人啊！他們把土地、牲口、房屋、糧食，以至於一根扁擔，一條麻繩，一個犁仗上的小套環，看得多麼重啊！為了駭怕損失甚至於一擔柴禾，他們對於歷史的一切變革，都是戰戰兢兢的。（《收穫》一九五九年第六期）」但在一九七七年的修改本中，這些文字也刪除了。因為通過讀書和思考，他已經悟透了「一方水土養一方人」的道理，這才寫出了〈建議改變陝北的土地經營方針〉的建言文章。只是它卻被一位省大員當作「住牛棚住昏了」才說出的昏話，給判了死刑。於此可見，《創業史》後兩部如果真要寫的離經叛道，那該是一個怎樣的後果。〈尋找梁生寶〉一文說：「黃永玉老先生曾把知識份子這一個時期前後的遭遇稱作是作繭自縛，其實，何止是知識份子，梁生寶甚至位置比他高出許多的其他人的所作所為何嘗不是作繭自縛呢？」柳青無疑也是作繭自縛，他因它家破人亡，這是他做夢也想不到的慘劇。如果他真像日記中所說那樣寫，他的命「再大」也保不住。如此看來，他將《創業史》寫作放慢，雖是出於無奈，但又真是有遠見！

其實，莊稼人對於「歷史的一切變革」，並不「都是戰戰兢兢的。」對於改革開放的「大包乾」，他們就稱它為第二次「解放」。可惜他未能趕上這一天，沒能看到改革開放後的莊稼人，在比合作化不知少了多少萬畝的土地上，創出了可以養活比那時多了幾乎近一倍人的奇跡。他在《延河》一九五七年一月號發表的〈鄰居瑣事〉

中，寫了「被一九五六年的社會主義豐收驚呆了」的產量，是平均七百一十斤。而他的同鄉賈平凹寫的小詩：〈題三中全會以前〉，卻只用十四個字，就寫出了中國人不再為吃飯來犯愁的可喜心情：「在中國，每一個人遇著，都在問：吃了？」然而，柳青已不能將這一切寫入《創業史》了。但是，它卻成了一本農村為何要實行「大包乾」，中國為什麼要進行改革開放的教科書，這也許是有些人們為何還喜愛它的一個原因。

柳青是個嚴肅認真的作家，他在〈關於《創業史》覆讀者兩封信〉的第一封信中，就讀者所提出的關於梁生寶生年等細小問題，都一一作了解答。正是出於他的嚴肅與認真，他才放慢了《創業史》的寫作進度。如果他不是出於作家的良知和藝術的堅守，而是為名利所誘惑，《創業史》是很快就可以寫完的。要知道，僅第一部他就獲得稿酬一萬五六千元，而這筆錢在那時足可稱作大款。後三部的稿酬又將是多少，又讓多少人想為此而拼命？他正是有了將稿酬所得全部捐獻的壯舉，才能堅守作家的良知，寧可不讓它終卷。古今中外，這樣的作家很多，他們也都因此而名傳千古。未完的《創業史》不但不會影響他的聲譽，反而更讓人敬佩他的作家良知。他也不會因此而遺憾，只能感到由衷的欣慰。

閒話黃裳義拍

歷時一個月的黃裳義拍終於塵埃落定，從《文學報》公佈結果，又一次證明了他的人緣與書緣。《前塵夢影新錄（手稿本）》由上海袁先生以一萬兩千多元出價奪冠，而《珠還記幸》等書則以一萬九千多元高價落入天津李小姐之手。他的義舉和「黃迷」的熱情，都給愛書人留下深刻記憶。一些競拍者已將此譽為「黃迷」的饕餮盛宴，它無疑將成為拍賣中的一段佳話。

黃裳先生是個老報人，也是著名的藏書大家和書話名家，他的書不知為多少「黃迷」所傾倒。汶川大地震發生後，一心想為災區做些事的耄耋老人，只能「秀才人情紙半張」，將自己所藏著作《劫餘古豔》等書來進行義拍，用所籌集善款來支援災區。為此，他還加寫了題跋，在《來燕榭書箚》（毛邊本）寫得是：「我平生寫信甚多，皆未留底，此冊皆友人之好事者所存，一鱗片爪……亦可存也，留毛邊本數冊自存，今以之付拍賣，以為賑災涓埃之助，自愧力薄，只有此耳。」字裏行間，顯示他的赤子之心。「一方有難，八方支援」，他以此來宏場中華民族的傳統美德。

由此，不禁想了去年（二〇〇七）那場「拍黃」之戰。那板磚來勢突然而兇猛，一時間甚囂塵上，大有不將他拍暈拍倒不罷休之意。然而「拍磚」來得快去的也快，待風平浪靜，黃裳還是黃裳，他的書還是照出照賣，依然火爆，毫發未損，「黃迷」也未發生嘩變。「試玉要燒三日滿，辨材須待七年期」，看來，一個人的所作所為，一時間難免會有被人不予認可和誤解之處，而只有到了關鍵之時，才能彰顯英雄本色。此次義拍雖然只籌款六萬多元，用於救災也是杯水車薪。但他如此義舉，卻未遭到「拍黃」者的非議和炮轟，看來也是予以了認同，說不定還暗暗表示佩服呢。萬眾一心，共克時艱，雖有分歧，也都站在了抗災的前沿上。其實，就此如能化干戈為玉帛，豈不更好？人非聖賢，孰能無過，又何必為一見而爭短長？

同樣，這場義拍也對一些「黃迷」做了善意提醒：做事還應低調點。何為「黃迷」？一為愛讀他書的讀者，二是專收藏他各種著作版本的書愛家。他們不僅以藏全藏豐為傲，還常常在文章中進行炫耀，甚至還要以此來排座次。但讓人遺憾的是，此次義拍奪冠者，卻並非那些炫耀者。其實說起來這也可以理解，因財力所限，誰都難免有力不從心之時。非不為也，實不能為也，奈何奈何？有此也就應當明白：山外有山，天外有天，強中更有強中手，到處藏龍臥虎，此次義拍就是有力的證明。做人低調點，就可避免因說過頭話而遭遇尷尬。不如此，而以「黃迷」自吹自擂，那充其量不過是借此來提升自己一點身價而已，非「迷黃」而是「借黃」。

愛讀黃先生書，故有此閒話。為避有「借黃」之嫌，趕緊打住。

鍾情書話在「破格」

高信在新著《書房寫意・前言》中，對「有朋友慫恿取個與書話沾邊的書名」的建議，直言「不必」。他說：「不錯，我以前是鍾情於書話，也試寫過一些，還發過一通議論，說自己若作書話，想自我「約法三章」，即著筆往昔，著眼現在，追求史料性知識性與現實性的聯姻。後來一位先生對此不以為然，他是不主張與現實相聯繫的，說如果聯繫現實，豈不成了雜文的寫法？」儘管有人「不以為然」，以為「出格」，高信卻依然故我，《書房寫意》中的文章，還是走他的「出格」之路。

《爹打老蔣去》是寫黃胄畫作入選全國首屆美展的往事。但它能入選參展，曾經得到徐悲鴻三次力薦，又有郁風從中說項，這才改變了黃胄的人生軌跡。可以說，如無這位伯樂，也就不會有黃胄的輝煌。往事說罷，他不禁慨而歎之：「評委是平等的，不論是領導人也罷，權威大師也罷，一般畫家也罷，評委會上，都是委員。因而，你盡可以堅持你的意見，我盡可以堅持我的意見，這狀況大概幾年後就變化了：一切由領導說了算。」發此感慨，才會讓人們痛感一言堂之害，也對徐悲鴻「有職有權的領導和權威，他不以權壓人」油然而生的敬意。如果說這種議論是「破格」，倒不如說是畫龍點睛。有則騰飛如龍，無則似虎失威。文章合為時而著，高信癡心不改，鍾情「破格」，正是出於為文的良知與責任；當然，還因為這「其實也不是我的發明。如果說是發明的話，也無非是我把這一點挑明罷了」。

他自謙不是「發明」人，是不掠唐弢先生之美：「實際上，唐先生自己就不能忘情於現實世事，他是學者，也是雜文家。他的書話中並不乏對現實的感應，我們只要看看他一些書話作品的初刊面貌和後來修訂成書的差別就明白了。」這就是說，他書話追求「破格」，是志在師承唐弢。清楚了這一點，也就找到瞭解讀他書話的鑰匙，明白此書名的意趣：「坐在書房裏，隨意翻讀收存的舊籍新書，偶有所感，就移坐到電腦前，敲出自己的所思所想。」這「寫意」的悠閒，是因為他「既不必以論文的數量晉升教授，又不必搶什麼科研專案。以這樣的方式來表達自己的一管見」，只當作是「很愉快的事」。有此心態，也才有了他癡心「破格」之志。

而他立有此志，應源於他當年的遭遇。在《小城書緣》中，他講述了自己在上中學時，有一年夏天到延安旅遊，因記了五、六萬字的筆記，又將《太湖遊記》爛熟於心，就突發奇想，要照貓畫虎寫一本《延安遊記》，並由自己繪畫插圖。不久十多萬字的書稿寫成了，寄到出版社也有望出書了，沒想到好事多磨，有人卻捅了他一刀：出版社來調查作者情況時，某領導「略謂：作者很年輕，如果出書，勢必驕傲，建議不出云云」。徐悲鴻對黃胄是力薦，此領導對他卻是打壓。「當時也曾好生不解：領導怕我因此驕傲，何不找我談談，教導我不可驕傲的道理？為什麼偏要背著我捅我一刀？我壓根兒不知道，當年的作者調查就是要瞞過本人的。」寫此意在告訴讀者，出書當年還須「政審」，應珍惜這來之不易的寬鬆環境；同時也表明，他未「一闊臉就變」。

在當今書話家中，有資格稱為唐弢知音者，他也應是其中一位。他理解唐弢寫作書話的初衷，還「挑明」了「破格」的出典。更難能可貴的是，他早在《北窗書語》的〈前言〉中，就已將「破格」當作追求目標。只不過他深感難以望其項背，才這樣說：「至於真正達到了多少，自己也說不準，反正是『雖不能至，心嚮往之』罷了。」「學我者生，似我者死」，他深知此中三味。

他也理解，唐弢「為不出『格』而忍痛刪削」《畫冊的裝幀》「是頗為無奈的事」。在《書話「出格」斷想》中，才對「刪去的一段」讚賞有加，稱它「卻實在寫得有聲有色，本本色色的唐弢先生的暢達典雅又婉而多諷之風」。但這「婉而多諷之風」，在「當時的社會環境並不待見這樣聯繫現實。他的修訂稿」也才刪改成現在這般模樣。近些年，文路漸開，文章寫得就是出點「格」，已無「戴帽」之虞，也才有了高信這有膽有識、文質雙美的書話。

高信在《書話「出格」斷想》中說：「正如我喜讀記實散文一樣，我更偏愛更多一些涉及現狀，觸及『敏感帶』的書話。」它發表在《書城》一九九五年第一期，而出版於一九八五年《北窗書語》，就已有了他的「約法三章」；在二○○五年出版的《長安書聲》〈後記〉中，他又將此意再作張揚：「發議論，表達自己的一點看法。這裏邊，也少不了有一些辯正色彩的文字，捫心自問，不過是想打撈一點失去的歷史記憶或揭開曾被遮敝的史實的一角，倒不是要與人拗一調和立意嗚高。」由此可見，從他的《品書人語》到《書房寫意》，三十多年的書話寫作，「破格」是他癡心不改的一種追求，也是貫穿其中的一條紅線。他的書話受到喜歡和追捧，正是讀者對它們的認可與讚譽。讀書如迷信於書、局限於書，是謂兩腳書櫥，是讀死書。而要把書讀活，討論解決實際問題，就要敢說真話實話，也就是由書生引發開來的潑辣議論。「出格」可以見仁見智，但卻不能給書話設「格」，而任何人也無權來給它設「格」。如自己不敢講真話，也不讓別人說實話，就只能把書話弄得呆頭呆腦，走進死胡同。高信的「出格」，給漸近疲軟的書話指出了一條生路。

但他的「破格」，也有不可超越的底線：「書話作為隨筆的一種，天地廣闊得很，運筆也大可自由。但無論如何還是可以或多或少、或詳或略地歸之於『書』才好。」〈蕭三浪漫的愛情和《蕭三的詩》〉一文，作者不但全然拋開《蕭三的詩》的本身，而且特別樂道於「蕭三一生結過五次婚，有四個妻子」的所謂「浪漫的愛情」，他在《「書話」可以這樣寫？》中質問道：「但這果真夠得上『浪漫』麼？算得上『浪漫』麼？什麼是『過分浪漫的行為』？這又算得上正常的『婚姻』麼？蕭三已逝，耶娃亦已逝，我們自然應該寬容厚道，不好、也不忍對故人說什麼了，或者只能無言，只能浩歎。我們不妨僅僅反問一句：這種『過分的浪漫行為』能不能發生在一般人身上？假如發生在一般人身上又會怎樣處置？『給予口頭警告處分』行麼？當年的黨紀和國法，在此應該慚愧。」由此可知，他的「破格」底線和分寸是多麼嚴格，自己不為所欲為，對那些偽「破格」書話，打假也毫不手軟。

有了這條底線，在追求「破格」的同時，他還致力於行文的雅俗共賞，生動活潑。他在《出版史料》和《連環畫報》開辦的兩專欄，已連載了兩三年，「據兩家刊物的編輯朋友報告，說有的專家看了，不覺其淺，一般讀者也很感興趣，不覺其深」。雖有此譽，他仍感汗顏，說還應當「寫得更從容一些，或能更好一些」。「破格」對他來說，不單單只表現在見識上，還在文字上力求更完美。

說到書話寫作，他認為「最要緊的是做人，治學事小，做人事大。寫不寫書話，又算得了什麼呢？」有此心態，他把讀書寫作就當成最大的樂趣。照此說來，他鍾情書話的「破格」，也是在享受表達的樂趣，至於別人所畫的「書話」框框，那算得了什麼……

心正筆正說朱正

拜讀了朱正先生兩篇自揭其醜的文章，一篇是〈《一個人的吶喊》一書有錯〉；另一篇是〈胡適提出的一份修正案〉，副標題為〈我的一條「更正」〉，深感敬佩。敢自揭其醜，還有醜就揭，如無心正筆正的坦蕩胸懷，怎能做得到？

〈《一個人的吶喊》一書有錯〉，發表在《文匯讀書週報》。它錯在哪？一是錯在〈兄弟失和〉一章，對周作人日記「下生又易作」的注釋有誤：「這裏的『易』字當是『瘧』字之代，『易作』即『瘧病發作』的意思（第一五二頁）」；二是錯在《學潮與愛情》一章，對《魯迅日記》有無許廣平探訪記載有誤：「看來，在他們通信才五個星期的時候，魯迅在日記本上留下她來過的痕記了（第一六三頁，香港版第一七一頁）。」這兩處是由友人告知，第三處則是他自查的：「梁實秋在這篇文章裏杜撰了一個『好政府主義』的名詞」，出典在《胡適全集》。」指出了失誤，他自責道：「我為此很感慚愧，並向讀者表示歉意。」

這裏應當指出的是，朋友告知的兩處失誤，他如不再張揚，恐怕就很少有人能夠發現。此二人一是學者舒蕪，一是魯研專家周楠本，他們慧眼辨瑕，又知他聞過則喜，才坦言相告。說此瑕非常人能辨，是指「狂易」解釋例句出於《漢書・馮昭儀傳》：「狂易者，狂而變易常性也」，一般讀者很能知此根底；「好政府主義」典出《胡適全集》，也非一般讀者能買能讀。他如不言，也許就無人正誤，因為這除有心有識還得有好文筆。更何況現在是說好容易說壞難，誇好再離譜可以發表，糾錯再有理也難採用。有此特色，可以說，這失誤如果他不自揭，也許就很難「昭雪」。同理，《我的一條〈更正〉》如他不作更正，也將無人更正。

〈更正〉發表在《博覽群書》去年（二〇〇八）第十一期。文章開頭便說：「我在〈再說一回《胡適全集》的硬傷〉一文（見《博覽群書》第八期）中提到了《胡適全集》第二十一卷所收〈國民代表會議組織法草案〉一文，認為它是段祺瑞召開的善後會議的一個文件。為了弄清楚有關詳情，我查找了一些資料，重要的有中國第二歷史檔案館所編《善後會議》(「中華民國史檔案資料叢刊」之一，檔案出版社一九八五年版），發現我原來說它是胡適『受段祺瑞的委託，為善後會議起草的一個文件』，是說錯了，現在即據此書所收檔案作一確切說明。」知錯就改，不怕難堪也不怕出醜，他為何能做到這一點？無他，言行如一，心正筆正。

說到為什麼寫作，他在《寫什麼書，讀什麼書》中，提出了兩條最低標準。一是寫的必須是自己的東西；二是寫自己確實知道確實懂得的東西，因為讀者是把著作家看做傳道授業的老師。老師只有「知」才能「道」。但當「知」自已所「道」有誤，為不誤人和以訛傳訛，唯有敢於正誤才是負責的行為，才是勇者的擔當。這又關係到面子和名聲，就只有心正筆正方者才能「道」。君不見，有些所謂的大師，對挑錯者不是恨之入骨嗎？如讓他們來自行揭短，那恐怕就難於上青天了。與之相比，他自揭之舉，才更讓人敬佩。在當今道德滑坡之世，都以恥為榮，唯有像他這樣有良知的文化人，還能堅此操守，這也像「大熊貓」，已稀少的可稱「國寶」了。

他曾有言：他最高興的事，是遇到好材料能寫文章。這當然也包括寫正誤文章，《魯迅回憶錄正誤》就是他的名作。但他正誤並非為成名，只為益人益世。但此舉並不受人待見，他見到某大刊上有一篇寫聶紺弩佚詩的文章，知其佚詩均為舒蕪舊作，就寫文正誤。然而稿寄此刊卻泥牛入海，無奈只得另擇善地，讓它「牆裏開花牆外香」。看來時下要堅守心正筆正也非易事，但他不思悔改，因為他姓朱名正。

巴金為什麼也說過假話

巴金五卷本《隨想錄》，因它寫的「力透紙背、情透紙背、熱透紙背」，被譽為是一部講「真話的書」，他也被譽為是二十世紀的良心。那麼，提倡說真話的巴金為何又說了那麼多假話，寫了那麼多違心的文章？讀了映波發表在《雜文報》的〈讀懂了哈耶克，才能讀懂民國史〉，也就明白了這是為什麼。或者說，讀懂了哈耶克，也就明白中國為什麼要搞改革開放。

映波先生在文章開篇說，他在讀哈耶克的〈通往奴役之路〉時，「發現哈耶克最注意兩個問題，一是強調經濟自由，他認為沒有經濟的自由，就沒有個人的和政治的自由；二是無條件地提倡競爭，因而反對政府以任何名義任何手段限制競爭。」由此，他才明白民國時期包括巴金在內的文化人，為什麼「書被禁，換個書名或換個書店甚至另換一個封面便又出版了；給別人寫稿出書難免制肘，幾個窮書生湊合湊合竟然也能辦一份報紙一本刊物開一書店；自己的刊物、書店被查封時，便一襲青衫飄然遠行，到另一個地方，又可以重作馮婦。」而這一切，就是因為有了「人們自由的遷徙，自由擇業」這兩個「不被奴役的必要條件」。然而解放後的巴金和所有人一樣，已經失去了這一切，巴金也只能是按著要求來鸚鵡學舌。

按說，論巴金的經濟條件，他本不應當受此限制。他不憑工資吃飯，雖然他也有許多頭銜，但不拿國家工資。雖然如此，巴金也同所有人一樣，像螺絲釘固定在一個單位「死屍不離寸地」；就算他不想要工作，還有戶口、糧本等種種證件限制著生活必需品的供應和購買，它們就像「緊箍咒」一樣，讓所有人都得服服貼貼、老老實實地按規定按要求來說話辦事，否則就是與人民為敵。這也就註定了任何人都不能有「獨立的思想，自由的精神」，巴金縱有天大的本事，也只能像孫悟空一樣，來按唐僧的指令行動，否則一念「緊箍咒」，就可讓他死去活來。而他又與孫悟空不同，還有妻兒老小。為讓家人平安無事不受拖累，他也不敢做以卵擊石的蠢事，何況做了也無濟於事，也只好強顏承笑地任人擺佈。

當然，做為一個能「獨立思考」的作家，巴金也想說真話，要說實話。只要有機會，巴金就用抓住機會來傾吐，來訴說，也希望能得到點頭與認可。一九五七年，他就《解放日報》批評《文藝月報》沒轉載「批胡材料」是犯了政治錯誤的批判，在「鳴放」會上就暢所欲言：「倘使市委宣傳部認為這是錯誤，對這個向題在黨內也可以進行批評，甚至嚴厲的批評，不必要公開批評，使讀者莫名其妙。批評文章發表後，《文藝月報》編輯部許多同志心裏都不滿意。這本來是出於愛工作愛事業的熱情，可這些表示過不滿的人在反胡風材料學習中，都給整得啞口無言了。我當時還是個掛名主編，不便講話，但我在私人談話時，不斷表示我不同意這種做法。把熱愛自已工作的同志整成應聲蟲，等於損害作家的獨立思考。單從這件事情上也可以看出上海的文藝工作中存在著好多的問題了。」他無所顧忌地講話，當然就得罪了張春橋、姚文元，在「拔白旗」運動中還險遭毒手。

一九六二年在「小陽春」之際，巴金在題為〈作家的勇氣和責任心〉發言中，向張春橋、姚文元這些文藝「奴役總管」發起了挑戰：「我有點害怕那些一手拿框框，一手提棍子到處找毛病的人，固然我不會看見棍子就縮回頭，但是棍子挨多了，腦筋會震壞的。碰上了他們，麻煩就多了。」「他們歡喜製造簡單的框框，也滿足於自己製造出來的這些框框，更願意把人們都套在他們的框框裏頭。倘使有人不肯鑽進他們的框框裏去，倘使別人的花園裏多開了幾種花，窗前樹上多有幾聲鳥叫，倘使他們聽見新鮮的歌聲，看到沒有見慣的文章，他們會怒火上升，高舉棍棒，來一個迎頭痛擊。他們今天說這篇文章歪曲了某一種人的形象，明天又說那一位作家誣衊了我們新社會的生活，好像我們偉大的祖國只屬於他們極少數的人，沒有他們的點頭，誰也不能為社會主義建設事業服務。」這種挑戰與抗爭，表明像他一樣有良知的文化人，並不甘心做應聲蟲去說假話和空話，更不願意落井下石來陷害他人。他們想表達，要訴說，只是這樣的機會太少，這樣的聲音也太微弱了。當然，還都為此付出沉重的代價。

正是有了這樣的大逆不道，「文革」中巴金才遭受了將人馴化為獸的苦難。他被張春橋視為不槍斃巴金，就是落實政策的「黑老K」，害得妻離子散。儘管他銀行中有存款，但「凍結」後也就不再屬於他所有，還得靠朋友來資助。做為一個世界知名的大作家尚且不能主宰自己的命運，普通老百姓也就可想而知了。明白了這個道理，也就明白在「三年自然災害」中，為何幾千萬死於饑餓的農民只能坐以待斃。這並不是「中國的老百姓太好了」，而是不得不如此而已。一個連出村討飯的自由都給剝奪了的人，他不坐在家中等死又能怎麼辦？巴金如果不接受將人變獸的奴役，他的命運也只能像林昭一樣，甚至比她還慘。

哈耶克在〈通往奴役之路〉中說：「在一個競爭的社會中，我們的選擇自由是基於這樣的事實：如果某一個人拒絕滿足我們的希望，我們可以轉向另一個人，但如果我們面對一個壟斷者時，我們將唯他之命是從。」這就是巴金為什麼在改革開放之前說了那麼多假話、寫了違心文章，而後又極力提倡說真話的原因。因為他又有了「獨立思考」的權力，也有文章國內不發表，就投到香港去的自由。這就是南桔北枳，而從巴金現象，就會明白為什麼中國要搞改革開放，而正是經歷了三十年的改革開放，才有了今天的改變。

老舍先生為何腰斬《一家代表》

做為收藏者，對《北京文藝》第三卷第二期，因連載老舍先生的《一家代表》剛發表第一幕，曾認定它不是終刊號。但它又真是一冊終刊號。它與《說說唱唱》已合併為一刊，刊名雖不再，但仍由老舍先生任主編，還有一半「股份」。按說老舍先生作為主編，《龍鬚溝》又為他贏得了「人民藝術家」稱號，未刊完的《一家代表》理應連載才合乎情理。但難以理解的是，它卻遭到腰斬也再無音信，直到三十多年後才重見天日。若問誰是腰斬者，沒有別人，只能說是老舍自己下的狠手。

說老舍先生下狠手腰斬了它，理由很簡單也很充足。《一家代表》既為連載，《說說唱唱》就應當繼續刊登，這是合併後應盡的本分。何況發稿權又掌握在老舍先生手中，他不拍板腰斬，誰敢如此膽大妄為？但《一家代表》從此再無下文，對它的反響也無聲無息。直到一九八五年出版了《老舍劇作全集》第四卷，才將未刊稿重新發表。對於此舉，編者也只有以下簡單的說明：「話劇《一家代表》寫於一九五一年，《北京文藝》第三卷第一期至第二期（一九五一年十月十一月）只發表了第一幕，這次據手稿將全劇補全。」詳情呢？一字未提。由此，也就只能說是老舍先生自己腰斬了《一家代表》。

老舍先生為何要腰斬它？文章是自己的好，《一家代表》發表後並未遭到批判，又無任何爭議，由《說說唱唱》繼續連載應無人來說三道四。如從讀者的角度來考慮，它也應當連載，他們還正急著想看下文呢；如果從自己的利益來著想，那就更應當連載了，作品辛辛苦苦地寫出來了，發表後就可得到一筆稿酬，誰不想名利雙收？對此，老舍先生當然比誰都明白，也會做出何去何從的選擇。只是他對此未曾留下隻言片語，對其詳情也就再難知曉。這麼多年來，又無人提及此事，也就成為了一樁懸案。幸好他留下了一篇〈我怎樣寫了《一家代表》〉，讓人們從這篇夫子自道中，可以多多少少從中分析出點原因來。

「《一家代表》是我今年夏天寫的一個話劇。它有兩幕、六場、一個景。借著這短短的話劇，我希望能盡一點擴大民主政治影響的宣傳責任。民主政治是咱們新國家建國的基礎，頂要緊，所以我明知難寫，而不能不寫。」這是〈我怎樣寫了《一家代表》〉的開篇語，一句話，老舍先生表明了寫作此劇是為了「盡一點擴大民主政治影響的宣傳責任」，還「頂要緊」，也就「不能不寫」，說明他是在有意來積極「配合」「宣傳」。在此之前，他奉命創作了一部電影劇本《人同此心》，是寫知識份子在新中國兩年間所發生的變化。可能是他創作餘興未盡，寫這類人物又輕車熟路，才自我加壓又挑此重擔。但它又與《人同此心》大不相同，此非「奉命」，實為自願；電影劇本場面開闊，人物活動空間大，易於表現也可展開；而話劇則與此相反，但它卻易於普及，也利於宣傳，所以他才不辭辛苦，任勞任怨，來盡自己的一份「責任」。這除表明了他寫作的勤奮，更可見那積極「配合」心態。

正因為是寫「配合」宣傳的劇作，兩幕六場十二個人物，老舍先生才特意安排了「一個景」，為何如此安排？他說：「自然，事情重大，而人景少，是不容易寫的。」但為「排演起來可以省事省錢」。他也「不肯因此而放棄了自己的主張。」對此，他也做了詳細說明：「今年夏天，我在全國文工團工作會議上說過這樣的話：

『我們整個國家的經濟建設，在現階段中，要求我們無論做什麼都須精打細算。我想，我們創作劇本的人也不應該例外。』在我創作《一家代表》的時候，我並沒忘了自己說過的話。」由此，我們就可以清清楚楚地瞭解到，老舍先生為何置自己的名利於不顧，來狠心腰斬了《一家代表》。他是出於「省錢」，是出於為「整個國家的經濟建設」來「精打細算」，這其中也包括他那筆應得而自願放棄的稿酬。既然它已經不適於「配合」宣傳了，那還讓它來浪費刊物的版面、讀者的時間、國家的錢財幹什麼？他腰斬《一家代表》所表現的正是他那顆愛國赤子之心，為此甚至不惜犧牲自己唾手可得的利益。而此時他正處困難時期，「剛剛回國時，我需要薪資」，為此還向美國朋友寫信借過錢。有人說，他在一九五五年以前的心是蔚藍的，也是感恩的，確是知人之語。如無此一片蔚藍、感恩之心，他哪能放著現成的稿費而不取，還下狠手腰斬了《一家代表》？

那麼，為「盡一點擴大民主政治影響的宣傳責任」而創作的《一家代表》，怎麼又「配合不上了」呢？這就得先從它劇情來說起了。老舍先生為何要寫它？因為「北京的確有這樣的事——一家的父母子女四口人都光榮的做了市人民代表會議的代表。但是我並沒有去照抄這件事，我要寫的是劇本，不是新聞報導。」「我另想像出一家子人來，『我』的這一家人也是父母子女，」「他們在我的劇本中的任務是做代表，為民主政治效力。我自己也是北京市人民代表會議的代表，所以我就把我的經驗分配到他們四口人身上，彷彿是我的化身。」他所寫作品主人公其實就是在寫他自己，或者說，程善恒這個「頗有學問」、「做過中學校長」，還「好說話，而且直言不諱」的劇主人公，就是他自己的「化身」。他對此直言不諱，也是想以此來「擴大民主政治影響的宣傳」。但恰恰《一家代表》寫的是他自己的生活，這也就成了它被腰斬的原因，因為他是知識份子，而不是工農兵。這在當時的創作需求和原則上，那可是犯了大忌的。電影劇本《人同此心》，就因此才不幸夭折。

欲說《人同此心》夭折事，還得先從齊錫寶的一篇回憶文章說起。她的〈回憶老舍先生奉命寫《人同此心》的前前後後〉，發表在《電影文學》一九九四年第一期，回憶了她埋藏在心底半個多世紀的一樁文壇秘事。原來老舍先生寫《人同此心》，是奉周恩來之命。時在一九五一年早春二月，她接到周辦打給陳波兒的電話，要按〈我家兩年來的變化〉一文改編拍攝一部電影。經過反復研究，認為只有老舍先生可擔此重任，這才發出盛邀。老舍先生也當仁不讓，並很快就拿出了電影劇本。然而經過討論準備修改投拍時，江青的一席話卻給它判了死刑：「至於由老舍執筆寫的《人同此心》就不要搞了。老舍自己就是個沒有經過改造的知識份子，他哪能寫好符合我們要求的電影劇本？怎麼改也改不好。乾脆，拉倒吧！」從此，《人同此心》就「拉倒」了半個多世紀。有此文壇揭秘，才讓人們知道了他寫電影劇本的經過與遭遇。

那老舍先生為何不寫工農兵，或者說在創作《一家代表》時為何不以工農兵來做主角呢？他的回答是：「北京只有我所知道的這麼一家四口兒都作了代表。雖然我並沒按照他們的實在生活情況去寫，可是我不敢把他們都變成工人和農人。我是北京人，他們是北京人，寫起來方便。他們的生活與我接近，寫起來較有把握。」他當初敢接下《人同此心》這個活，也是「他們的生活與我接近，寫起來較有把握。」正因此如此，他才在完成奉命任務之後，又就一鼓作氣寫了《一家代表》。如果當年這兩部作品不遭夭折，那就不知將會產生多麼重大的影響，也將成反映知識份子生活的姊妹花。

然而非常遺憾，老舍先生的這番好心卻未能得到好報。《人同此心》再無下文，已讓他感到有些不妙，《一家代表》有何結果，也是前程未卜。好在他久經沙場，勝敗早已榮辱不驚。他在最後結尾處所寫一段話，就有壯士一去不復還的悲涼：「北京人民藝術劇院已將劇本要去，看有沒有排演的價值。一出戲必須受得住舞臺上的考驗，那麼，我現在就無須再多說什麼了。」他還能多說些什麼呢，聽天由命吧。也正因此，當曹禺告知他「不行啊！不要公演了吧？」他也就接受了建議。既然「配合不上了」，也就只能如此了。

據舒乙先生在〈由手稿看《茶館》劇本的創作〉所言：「事實上，老舍先生寫過一部叫《一家代表》的話劇，又叫《報喜》，成於一九五一年。和《茶館》的創作年月距離甚遠，沒有任何關係。《一家代表》是給北京人民藝術劇院寫的，排演了，但未公演。」為何未能公演呢？就因為有這一句「不行啊！不要公演了吧？」。那為什麼「不行」呢？答案恐怕只有一個，這就是「老舍自己就是個沒有經過改造的知識份子，他哪能寫好符合我們要求的電影劇本？怎麼改也改不好。乾脆，拉倒吧！」當然江青所說是「電影劇本」，但在那個讓工農兵佔領文藝陣地，知識份子只配接受改造的年月，《一家代表》也只能是「乾脆，拉倒吧！」

演出《拉倒吧！》，但這並不影響它的發表。因為它並未接到「拉倒吧」的指示，也未受到批判。但老舍先生卻以它未能「受得住舞臺上的考驗」的標準來要求，認為文字劇本也未必能「受得住」「考驗」，也就痛下狠手腰斬了它。在此期間，他還腰斬了《小說》正在連載的《饑荒》，使它倆成為一對難兄難弟。他下此腰斬的狠心，固然是出於「心情一片蔚藍」和感恩，但也不是沒有自我保護的考慮。知識份子都在過思想改造的關，有那麼多的作品都遭受到了批判，就連趙樹理那紅極一時的作家都未能倖免，何時會落到自己的頭上，也是一個未知數。與其是讓它來招災惹禍，哪如先將它們自行處理，以免授人以柄？他是何等精明之人，能不會想到這一層？其實他也有滿肚子的苦水，只是還未到向外傾吐的時候罷了。

到了一九五六年，滿腹苦水的老舍先生，終於在題為〈救救電影〉的文章中，來了個一吐為快：「今天，人民真是如饑似渴地需要電影，可是好電影卻寥若晨星，這是個嚴重問題。作家的作品是不是得到尊重了呢？恐怕不是。對他們所寫的劇本，似乎人人都有權修改，個個都顯示出優越感。一稿到來，大家動手大改特改，經過大拆大卸的修改後，那些好的即被連根拔掉，原來若有四成藝術的，到後來連一成也找不到了。（刊一九五六年十二月一日《文匯報》）」「恐怕」二字，正是他對《人同此心》被遭槍斃，《一家代表》遭到夭折所表示出的疑惑與不滿，當然更是希望在百花齊放春風吹拂下，電影與戲劇真正能出現萬紫千紅新局面。

這種心情，在中國作協一九五七年八月七日召開的第十三次會議上，他再一次做了坦吐：「在我的劇本中，應以《青年突擊隊》為最壞。劇本不好，演出也差。在這以前，我曾寫過《一家代表》，此劇已粗粗排完，曹禺看了對我說，不行啊！不要公演了吧？我馬上收兵，絲毫沒鬧情緒。誰也不能保證每個作品都是好的，偉大的荷馬不是還有打盹的時候嗎？《青年突擊隊》的演出，據突擊隊的初興已有一年，劇中內容已不新鮮了。本來可以照《一家代表》的前例，勸我撤回，可是並沒這麼做。近來，北京人藝的導演之一，夏淳同志，卻公開的說，工人不愛看壞戲，如《青年突擊隊》。我覺得這不大對。我不是在這裏批評夏淳同志。我是以此為例，劇院與作家的關係應當是以誠相見，不應彼此浮衍。一切作家都該以誠相見，爽爽朗朗，見面，親切握手；談起來，大家都說真話，不背後嘀嘀咕咕。（刊《文藝報》一九五七年第二十期《為了團結》）」在這裏，他提到了《一家代表》的命運，而且還用了「粗粗排完」四個字。至於為何「粗粗」，恐怕就大有文章了。

在這次會議，他還有一段話非常耐人尋味：「能給黨做點事，使我感到光榮。平日也是如此，我不爭待遇，沒上過北戴河、頤和園。市人民委員會屢次叫我到頤和園去休息，我不去。我有自己一個小院子，為什麼要上頤和園而把別人休息的機會擠掉呢？要寫作哪裡都一樣，寫不出來就是到瑞士去也寫不出。剛剛回國時，我需要薪資，這二年收入好轉了，我一再向周揚同志表示停止給薪。我就拿薪水，我不該再向作協要求什麼。我看，對作協的庶務科來說，我是最省事的副主席。初整風時，許多幹部提出物質上改善的要求，有的是必要的，有的可以不說。我們的國家還不富，我們應當勒緊褲帶搞建設。（同上）」如果說他為何在《茶館》中寫出了臺詞：「我愛中國，可誰愛我呢？」從這裏就可以找出答案了。當把一顆赤誠的心捧出來，卻遭到冷落和不睬，他又怎能不會倍感委屈而心灰意冷？由此，還可以理解，為什麼他成了文化大革命中的第一個以死抗爭者，他是在拼將一死示其心！「嶢嶢者易缺，皎皎者易汙」古往今來，莫不如此。

痛下狠手腰斬自己作品的作家有老舍，特立獨行的作家中也有老舍。這才是老舍，這才是人民的老舍，不朽的老舍！

李國文習劇的倒楣之旅

老作家李國文在《作家》上，發表了話劇《探病》。說它是話劇，其實是小說，只因換了手法，才覺得耳目一新。對於他這個上海戲專的高才生來說，這只是重操故技，當年習劇之作《算一算》，就榮獲過大獎。只不過這卻成了他的倒楣之旅，現在舊事重提，他也會另有一番滋味在心頭。

說起這陳年往事，距今已快一個甲子了。

一九五一年五月，北京舉辦了「慶五、一工人文藝競賽會演」。會演評選出的優秀劇目，就有豐台機務段業餘話劇團創作演出的《算一算》。其實它能獲獎，全憑李國文的潤色。他畢業後被分配到天津鐵路工會，參加演出就想獲得大獎，這就得先有好本子，「劇本劇本，一劇之本」，《算一算》如能得到這位高才生修改，一定會添光增色，甚至由醜小鴨變成白天鵝。一經調請，他欣然從命，也施展出全部看家本事，還給它來了個妙手回春。他真是不負眾望，會演中它一舉奪魁，又被《北京文藝》全文發表，就連演出劇照都提前一期刊出，先來個宣傳熱身。

然而好事多磨，獲獎的喜氣還沒消散，突然橫空飛來一悶棍。《人民戲劇》在第三卷第三期，發表了一封〈為語言的純潔健康而鬥爭〉的讀者來信，對它提出了尖銳批評：「如北京市工人觀摩演出中，觀眾一致認為較好的獨幕劇《算一算》的對白裏面，就夾雜了許多不純潔不健康的話。」按文中所羅列的許多對白，還真是不堪入目，也確實應該〈為語言的純浩健康而鬥爭〉。但是，它真有那麼多的污言穢語麼？

且用事實說話。

《算一算》發表在《北京文藝》第二卷第五期，比那封來信晚了五天。這正可為查證批評是否屬實，留下了可信的文字依據。它共有四人出場：機長王大車和妻子，副機長馬文與司機大炮。故事發生在王家，矛盾起因是王大車為保十萬公里行車安全紀錄，不同意使用已有磨損的舊銅瓦；而馬文和大炮則為節約，力主經革新後再用，並將這新舊的成本細算給了王大車，《算一算》劇名就由此而來。王大車因過去窮怕了，在開支上有些「摳門」，在爭執中，脾氣暴燥的大炮就揭了人家這個「短兒」，才氣的王大車發了火；為平息二人爭吵，馬文將大炮的話向王大車重新做了解釋，這才化解了誤會。他不好意思認錯，就衝大炮說了這麼一句：「他媽的，你小子不懂裝懂！」應當說，這句聽起來像是罵人、其實是知錯卻又放不下臉面的雙關語。這即符合人物的身份和性格，也符合特定環境下的特定人物關係，是一句以罵示錯的絕妙臺詞，本應誇好，卻無端遭到指責。

老舍先生在《對於觀摩演出節目的意見》中，專門談了話劇語言的問題。他對「他媽的」這類臺詞，予以如此妙解：「為了得到戲劇的效果，在適當的地方用一句『他媽的』或其他的詬罵語，就能得到預期的效果；若是接二連三的句句有髒字，就不單都失去了效果，而且使聽眾厭煩了。」老舍先生是語言大師，此為經驗之談：李國文也深知此道，為塑造人物，也為加強演出效果，才不惜追求了一回「噱頭」。按說，有白紙黑字，它是否使祖國語言的純潔與健康受到傷害，一看即知；而為羅織罪名，將一些莫須有的污言穢語都強加給它，則為誣陷，理應追究責任方為正理。這也就是說，應當寫檢討的人就是那位寫信者，但令人奇怪地是，誣告無罪，受害者反到有錯，李國文還為此寫了檢討。

李國文這篇〈關於語言不純的檢討〉，僅一百多字，發表在《人民戲劇》第三卷第五期。檢討分為三段，第二段為檢討內容：「《算一算》是由我們幫助修改的，在我們未下豐台機務段前，這個劇本已經寫成了。因為原劇粗糙，需要加工才能上演，即至我們去後，才著手修改。在修改過程中，因為急於上演，沒有慎重地把那些自然形態的語言選擇提煉，這是修改者存在著小資產階級的獵奇觀點，對語言沒有正確的認識，拚命追求『噱頭』，這是應該深刻檢討的。」俗語說：「炒豆大夥吃，炸鍋歸自己」，用它來形容李國文此時的心情和處境，真是再貼切不過了。演出獲獎沒他的份兒，劇本發表時也不署他的名，好處一點不沾邊兒，錯卻全由他一個人來扛，這也太不公平了。然而在那個年月，就有這樣荒唐事，也有了他的倒楣之旅。

既然李國文只是劇本的修改者，他是否可以拒絕檢討？不能。當年他屬於被改造的小資產階級知識份子。知識份子都在人人檢討過關，如今該由他來承擔劇本責任了，那能僥倖躲過？只有老老實實檢討，才是認真接受改造的態度。而為顯示認真，惟一的辦法就是挑選份量重的帽子，多往自己的頭上扣。否則，恐怕連飯碗都難保住。蕭也牧的《我們夫妻之間》，就是先被讀者挑了錯，才逐漸升級被批臭。與蕭也牧相比，二十出頭剛入此道的他，除老實檢討求得過關，別無選擇、更無其他路可走。也許是有此倒楣之旅，他才改行寫小說；沒想到《改選》更讓他大倒其楣。前半生他與文學結緣，真是一個倒楣了得。

讓人欣慰的是，在一九五二年出版的《工人文藝創作選集》中，《算一算》又榮幸入選，也算給它一個完美的結局。然而李國文這倒楣的習劇之旅，又該由誰來買單？

林斤瀾與《人民文學》

《人民文學》是中國作家協會的機關刊物，素有「國刊」之譽。中國的作家和詩人，以及各種身份的寫手，都想在此一展才華，也均以此為榮；換一個說法，不能在此登臺亮相者，也難與著名有緣。林斤瀾是當今小說界的大師，他的成名作和一些名篇就是在此發表的。如將它們做一下分析與梳理，不僅可以得見《人民文學》的發展與變化，也可辨識他在文學之旅中所留下的每一個腳印。

林斤瀾與《人民文學》結緣的時間，是一九五五年八月。他在八月號發表了特寫《孫實》，從此開始在這裏頻頻亮相。《孫實》後來收入《春雷》書中，成為他們結緣的最好紀念。第二篇《雪天》還是特寫，發表在一九五六年四月號；第三篇是獨幕話劇《螺絲釘》，發表在同年八月號。《人民文學》以發表小說、詩歌和散文為主，很少發表劇本。即使發表，也多為曹禺《明朗的天》那樣的名家之作。他那時雖然已有劇本發表，但還是一個名不見經傳的青年作者；《螺絲釘》又是個諷刺獨角戲，人物與劇情都很難把握，內容也非「主旋律」，在「配合」上就沒有《孫實》、《雪天》那種優勢，要發表非常難。但藝高人膽大，他對它又非常的看好，就投之一試。《人民文學》也真識貨，不問出身，只認作品；當時又正吹拂「雙百」春風，有意催生奇花異草，這就讓它來了個閃亮登場。它也寫的確實好，一九五六年所出年度劇本選，還給了它一個靠前的席位。其實，憑它的成就，現在如編選一部《中國百年經典話劇》，排行榜上也一定會有它的大名。

登上了《人民文學》平臺，林斤瀾又野心勃勃的開始了小說攻關，而且還用的是「集束手榴彈」，採用了猛攻猛打戰術。他這時已決定「棄戲從文」，在別處已經發表的幾篇小說，也有了點小名聲。人往高處走，不在《人民文學》一展身手，就不能顯示自己的創作水平，他當然要在此處來見試高低。《人民文學》也真買他的帳，一出手，就將《臺灣姑娘》發在了一九五七年一月號的「頭版頭條」，讓他爆出了個開門紅。由此他也就一發而不可收，〈家信〉發在了四月號；《姐妹》和《一瓢水》同發在第五、六月合刊號；隨後又一篇〈草原〉，發在了十月號，此年的《人民文學》也就成為了「林斤瀾年」。如此密集地發表一個青年作家的作品，而且還有一期兩篇，這是《人民文學》前所未有的舉動，在六十年的辦刊史上也並不多見。戰果如此輝煌，難怪他在出版《春雷》時，發表在別處的作品肯於割捨，這五篇小說，一篇也不能少的都收入書中。

那《臺灣姑娘》反響如何？老編輯涂光群當年曾是《人民文學》小說組的負責人，他在〈講究小說藝術的短篇名家林斤瀾〉一文中，說到那期所刊九篇小說的名次排列時稱：它們各有千秋，「但小說散文組同仁一致贊同秦兆陽將《臺灣姑娘》安排在頭題發出。這篇小說以其特殊的題材，動人的描寫、人物塑造和簡練、獨具一格的對話，贏得了讀者，受到了文藝界注意，應是林斤瀾這位語言、寫法有個人特色的作家成名作。」它發表不久，就有劇團想改編成話劇，將它搬上舞臺。當時文壇反響強烈，以後魅力仍然不減。程紹國在《林斤瀾說》有言：「我在少年時，就聽說林斤瀾的《臺灣姑娘》，二十年後和一些外地作家來往，他們還是談論、提起《臺灣姑娘》，如陸明，孫少山等。」可見它不僅影響了當時的讀者和作家，也影響著後來的幾代人。而他這位「鳳毛麟角」（程紹國語）作家的另幾篇也同是如此，它們各有各的丰采。

然而林斤瀾這井噴式的發表熱，很快就被「反右」大潮所沖淡。一九五八年，他在《人民文學》只發表了兩篇作品，一篇是八月號的特寫〈趕天橋〉，另一篇是十一月號的小說〈送信〉；一九五九年就更為可憐，只在十月號發表了一篇散文〈龍潭〉。與一九五七年相比，形成了巨大的反差，藝術也未能與時俱進。大躍進之年文學創作也提出了大躍進，成了創作主角兒的工農兵們，則只能以量取勝。有什麼樣的環境就有什麼樣的寫作心態，林斤瀾也就少了點「有心作傑」之志，多了些棄雅從俗之念。但他此舉，也是有意在向「敵手」展示寫作實力，以求得能擺脫挨整的困境。兩年間，他就出版《飛筐》，成為了他創作史中的特殊收穫。程紹國稱他此舉為：「林斤瀾的努力是起勁的，甚至簡直是拼命的！他的努力除卻應付政治，實際就是為文學而獻身！（《林斤瀾說》第十二頁）」這可以說是為他那時的創作心態，作出了最佳解讀。

因寫作大躍進，《飛筐》中的二十篇作品就略顯粗糙，但仍具有他獨特的風格。《人民文學》畢竟是「國刊」，在任何時候都堅守著它的文學品位。林斤瀾在此處歉收，是它把關嚴格的結果，也是善意的警示；林斤瀾有志「存心作傑」，文字依然閃爍著他獨有的丰采。葛水平有篇小說〈喊山〉，在描寫山中小路時用了一個「瘦」字，就贏得一片喝彩。但若以他〈山谷〉篇中所用「摔」字相比，就是「紅肥綠瘦」了：「河上的冰，裂開了一道縫。河面如鏡，裂開的縫彎彎曲曲，擺在河中央。遠看好像一道閃電，摔在地上，跑不了啦！（《飛筐》第一二六頁）」寫的是何等美妙傳神，一個「摔」字，幾可與王安石的「綠」字比肩。而它如與〈趕天橋〉、〈送信〉和〈龍潭〉的通篇相比，就又稍遜一籌。現在重讀它們，那表現手法、語言風格與獨特結構，仍具有誘人的魅力，讀之仍難以釋手。大刊上的大家之作，到任何時候都不失其大家風采。

但是，林斤瀾對它們的得失卻非常清醒。在一九六二年《北京文藝》為他舉辦的作品討論會上，當有人說《飛筐》要比《春雷》的作品如何好時，他就力排眾議：「《春雷》比《飛筐》好。（同年《北京文藝》第八期第五十五頁）」他何有此言？「知子莫如父」，對每篇作品究竟花費了多少心血，這只有他心裏最清楚；什麼檔次的作品上什麼檔次的報刊，他也非常明白。「一花一世界，一沙一宇宙」。在那樣的年代和那樣的處境，他只能憑獨有的慧眼，將它們寫的與眾不同。要知道，在那一段難熬的日子裏，他的心情是何等的噪亂。僥倖與反右擦肩而過，卻被發配到了窮山溝，他要應付運動，還要化解苦難，再來捋順文思，也就再難有寫《臺灣姑娘》、《草原》那樣細膩明麗的文筆。而這些急就章如與那時一些作家的作品相比，依然為上乘之作。他說他不用刪削就可以出版全集，就因他無有讓人難堪的作品，更沒有讓他臉紅的文字。而這在那一代作家中，又能有幾人？

對於林斤瀾來說，一九六〇年是他不平常的一年。《人民文學》十二月號發表了他的小說〈新生〉，可稱為它此年的壓卷之作，也是他的一篇創新之作。〈新生〉是他小說藝術上的新生，也是他重新歸隊的新生，還是他「有志作傑」的新生。責編許以當年曾高興地對涂光群說：「這期林斤瀾有篇小說〈新生〉，你可以看看。好久沒有看見山區生活寫得這麼好，這麼生動的作品了。」「我晚上回家一讀，的確如許以所說，這是一篇不可多得的短篇佳作，它的藝術生命將是長久的。（《五十年文壇親歷記》第五〇五頁）」〈新生〉後來被選入多種選本之中，《人民文學》也將它編入《五十年精品文叢》一書，可見此言不虛。他在一九六三年結集出版《山裏紅》一書時，還挑選它作全書首篇，也是對它的特別看重。為何如此看重？謝冕和陳素琰道出了其中的奧妙：「當社會思潮中醞釀並湧現出『階級鬥爭』的喊聲時，〈新生〉對此漠然。那裏的一切，只有同情幫助和無言的支持，那裏依然是一個桃源世界。從這點看，林斤瀾的不隨俗中，倒顯示出作家的某種勇氣來（《鍾山》一九八三年第三期）。」勇氣何在？就是他創出的「避風港」寫法，以來「擺脫那負擔沉重的『任務』」，「可以避免階級路線、階級鬥爭這些大主題。」說他藝術上獲得了「新生」，就意在此處，謝、陳可謂他的知音矣。

〈新生〉一發表，老舍就在《文藝報》著文稱讚：「這篇作品的文字簡潔可喜！」「一個作家的文字應有獨特的風格。這還不夠，他還須善於變化。他若是寫悲劇與寫喜劇同出一轍，不加變化，他的作品將會因文字的凝滯而受到損失。」「我有這個感覺，這篇作品好像是一幅我們的傳統山水畫：有九嶺十八彎，有大河，有杏林村舍（《文藝報》一九六〇年第二十四期）。」這與老舍後來所說：「在北京的作家中，今後有兩個人也許會寫出一點東西，一個是汪曾祺，一個是林斤瀾」，可算作了一個完美的注釋。這讚美還意在說明，〈新生〉是林斤瀾在小說創作藝術上的一座高峰。當然，老舍話中的「也許」還另有其深意：「不要輕信一些評論家為他所指出的所謂正確道路，對一些非議不必理睬，如無寬鬆環境，也許難出好的作品。」他說此話正是「小陽春」時候，以後一大講「階級鬥爭」，林斤瀾就「金盆洗手」，真給「也許」住了。

除了〈新生〉，林斤瀾發表在《人民文學》一九六一年五月號的《山裏紅》，也是一篇讓人津津樂道的佳作。老作家沙汀對它十分欣賞，在他《南國就食》的日子裏，一天沙汀請他喝小酒，就說起了它：「沙汀誇獎寫得好。並用尋思的口氣說：『好像還沒見過這樣寫黑夜的』。（《林斤瀾說》第二〇三頁）」寫作其實就如同做菜，只有條件好了，心情舒暢時，才會講究色、香、味，才會變換花樣與創新風味。相反，如飯都吃不上，只為添飽肚子，那還講究什麼花樣與口味？老舍也是美食家，他說「也許」，當然也有這一層含義。林斤瀾就說得更加明確：「文學創作非常複雜，除了寫什麼如題材、怎麼寫如方法，還有政治的氣候、周邊的環境、自我的心境等許多問題。」此語發自肺腑，是他的夫子自道。正是有此認識，他才獨創他的寫作之法，也才在此期頻出佳作。

但「小陽春」很快就被「階級鬥爭」所取代，他在《人民文學》一九六三年三月號發表〈慚愧〉後，很快就遭來一悶棍。悶棍是一位理論名家所寫兩萬多字的長文，發表在《文藝報》一九六四年第四期，將他批了個體無完膚。老作家王汶石在紀念《人民文學》創刊三十五周年時，寫了一篇〈常憶常新〉的徵文，對這種現象作出了最好的注解：「不幸的是，那年月在文藝界盛行一種『粗暴批評』的批評風氣，大凡一篇引人注意的作品一出現，便會引來一位批評的勇士劈裏啪啦大批一通。」有「階級鬥爭」撐腰，這悶棍揮舞的更為兇猛，對林斤瀾作品「不能從人物心理、性格的變化和發展中寫出社會、鬥爭的變化來」，只追求「用幾句敘述的線索交叉起來，把情節（特別是主要情節）分割成片片段段，把作家所要表現的思想搞的隱隱約約、閃閃爍爍」，來了個當頭棒喝。用當時的一種標準，就是「愈是精華，愈要批判」。結果這一悶棍讓他一下子「慚愧」了十五年，直到一九七八年在《人民文學》七月號發表了中篇小說〈竹〉，這才重新露面。

「慚愧」時間應為五年。「文革」「減去十歲」，《人民文學》停刊期間就不應計算在內。五年「慚愧」也為咎由自取，他若肯用筆獻媚，至少提前兩年前就可在此紅上一回，也許還可弄個一官半職的封賞。無奈他甘願在電影院賣票，也不肯寫這樣的文字，顯現了他為文的操守。自〈竹〉開始，到一九八六年一月號〈李地〉又發了「頭版頭條」，他在《人民文學》上發表的小說依次是：〈尋找〉、

〈火葬場的哥們〉、〈轆轤井〉、〈邪魔〉、〈鄉音〉、〈朝天椒〉和〈矮凳橋傳奇〉。它們除〈矮凳橋傳奇〉排在一九八四年十月號的頭條，其餘六篇均排在中間位置。用汪朝的話說：都只能排在第三、四條。〈矮凳橋傳奇〉雖排在了頭條，卻非頭版。此中原因，程紹國的看法為：「看來那時，主編王蒙和《人民文學》的心情是十分複雜的。」但《李地》的思想一致了，使林斤瀾重現輝煌。三十年河東三十年河西，一九五七年一月號《臺灣姑娘》發了頭版頭條，三十年太久，《李地》終於又發了「頭版頭條」。這除了讓人們為他惋惜那十五年荒費的光陰，也為他又登上一個新的藝術高峰而驚喜。老舍的「也許」陰影已經不在，展現在他面前的，是通往藝術高峰的坦途；等待他的，是那摘取小說藝術桂冠的最後衝刺。

但這還需要他耐得住寂寞。文壇對他出奇的冷淡，好像是有意在對他進行耐力的考驗。〈矮凳橋傳奇〉包括兩個短篇：〈溪鰻〉和〈車軸〉。程紹國在《林斤瀾說》中，評論〈矮凳橋傳奇〉和〈李地〉時說：「我喜歡〈丫頭她媽〉、〈小販們〉，而對〈溪鰻〉、〈李地〉尤其喜歡。〈溪鰻〉撲朔迷離，斑斕華美。像京戲，見鞭不見馬；像國畫，見蝌蚪不見山泉。所謂『雲破月來花弄影』是也。《李地》細節精美，是個別致的中篇，由五個短篇組成：〈驚〉、〈蛋〉、〈茶〉、〈夢〉、〈愛〉。林斤瀾對我說，自己的《驚》、《蛋》、《茶》、〈夢〉就像四個孤島，〈愛〉便是充盈連接四個孤島的水。寫人類的苦難，生命的韌性。」然而它在當年卻反響平平，可稱為是叫好不叫座。所有轉載小說的刊物對它都不予理采，看不懂的呼聲也響作一團。看來，有時「國刊」的「頭版頭條」，也並不都為世人所認可。孫犁說：「他的作品，如果放在大觀園裏，他不是怡紅院，更不是梨香院，而是櫳翠庵，有點冷冷清清的味道，但這裏確確實實儲藏了不少真正的藝術品。」這真是一語中的，為大師知大師的獨到之見。

林斤瀾遭受冷漠，老友汪曾祺著文《林斤瀾的矮凳橋》，為他進行了一番鼓吹；《人民文學》也挺身相助，在一九八七年刊出《社會性‧小說技巧》對話錄，讓汪曾祺與林斤瀾來現身說法。崔道怡提出了林斤瀾「怪味小說」的問題，由汪曾祺來作解答。依汪曾祺所見，林斤瀾的小說一下子看不明白，讓人覺得陌生。這是他有意為之的。他就是讓讀者陌生，這種做法不但是出於苦心，而且確實是『孤詣』。他是虛則實之，實則虛之，無話則長，有話則短。說他小說結構的精義，是打破結構的常規，主題是人或者人的價值，具體到一點就是『皮實』，也就是生命的韌性。說林斤瀾寫人已經超越了『性格』，他寫的是人的內在的東西，人的氣質，人的『品』。得其精而遺其粗。他不是寫人，寫的是一首一首的詩。溪鰻、李地、笑翼、笑耳、笑杉……都是詩。樸素無華的，淡紫色的詩。」林斤瀾也清楚自己的作品反響冷淡，讀者群小。但他卻表示：「我還得走我自己的路，換個別的路我不會，我也不幹。」他還有言：「少數真正的藝術家，飛翔在高天之下、波濤之上。只守著真情實感，只用自己的嗓音唱歌。波濤狂暴時，那樣的聲音當然淹沒了。間隙時，隨波逐流的去遠了，那聲音卻老是清亮，叫人暗暗警覺出來，歡騰的歡騰的生命力。」表現了他「路漫漫其修遠兮，雖九死而猶未悔」的執著，和甘願為文學而現身的精神。

汪曾祺是小說大師，行家看門道，自然是「句句點穴，枝經肯綮。（程紹國語）」其實，細品〈李地〉，就會發現在李地的經歷中，就有林斤瀾的影子。〈茶〉一節寫李地她收信退信的情節，正是他當年躲過反右一劫的情景再現：某劇團要求改編《臺灣姑娘》，在來信上，文聯一領導人批示「此人正在審查中。」有人將信出示給他，意在挑逗他對那位領導的不滿。但他並未就此「大鳴大放」，而是冷靜的將它退回，才未被「引蛇出洞」。林斤瀾說他的小說〈門〉，就是寫他的少年、中年、老年，自己為什麼活著，〈李地〉

又何嘗不是如此？汪曾祺與他「心有靈犀」，自然能「句句點穴」。未經此番閱歷者，也自然就有了「讀不懂」的隔膜。

做為他的知音，還有評論家程德培。他在《此地無聲勝有聲》中說：「在當代作家中，林斤瀾是獨特的。」獨特之處是：「當人們都在熱衷於談論主題、思想、傾向等問題的時候，林斤瀾的發言常是爆點『冷門』，愛談點藝術、藝術規律」；「林斤瀾的冷靜是和他作為一個作家的謙虛精神分不開的。這種謙虛也決定了他筆下的『世界』」；「林斤瀾的小說在描寫藝術上的一個顯著特徵就是『距離』。讀他的小說，不會馬上就使你有一種親近的、舒暢的感覺。因此他註定要遭受冷清。」但「林斤瀾總能在短篇的格局裏，容納極為廣闊的內涵。」所以，「待若干年後人們冷靜地回過頭來，重新評價這段文學史時，林斤瀾小說將會受到重視。(《上海文學》一九八二年第六期）」借此吉言，林斤瀾在一九八六年被任命為《北京文學》主編，開始受到重用；二〇〇七年又授於他「終身成就獎」，是對他創作成就的認可，也讓預言得到了證實。

佳作為名刊增輝，名刊令佳作添色。《人民文學》培養和造就了林斤瀾，他能榮獲創作「終身成就獎」，「軍功章」也應有它的一半：林斤瀾也充實和豐滿了《人民文學》，有他的奇花異草，這座文學大觀園才更加絢麗多姿。「庚信文章老更成」，自〈李地〉之後，林斤瀾在此發表的作品雖然漸少，但藝術上卻更加爐火純青。一九八七年七月號，發表了他的散文《沈先生的寂寞》。一九八八年二月號，發表了小說〈白兒〉，一九八九年三月號，還是小說：〈氤氳〉，二〇〇〇年五月號則又是散文：〈安息〉。〈氤氳〉是他小說中新的高峰，用名編章德寧的話說：「在各時期，林斤瀾的短篇小說藝術，總是走在中國作家的前列。」其實，他的散文又何嘗不是如此，〈沈先生的寂寞〉中每句話的信息量都特別大，含義也十分豐富，是須有經歷的人用心來讀才能明曉其意的。而〈安息〉，則又一種筆墨。

作到了老舍所說的善於變化。〈安息〉和〈沈先生的寂寞〉都是懷念文章，但文字卻顯現著他的「善於變化」。

自〈安息〉之後，林斤瀾就不在《人民文學》上露面了。人老了，寫得少了，他也是有意讓賢。但是，他在《人民文學》近五十年所發作表數量之多、品位之高，是屈指可數的，也鮮有能與之比肩者。只是他已仙逝，這已成絕響矣。

清醒李國濤

喜歡李國濤文章，是從讀他致唐弢那封信產生的好感。

邵燕祥的〈小鬧鬧〉剛發表不久，就遭到唐弢的批判。他在致唐弢信中提出異議，時在一九六三年。那樣的年代，一個小人物敢向大理論家叫板，還得到了認可，可見他頭腦是何等清醒。此後，又得知他力排眾議，將成一的小說〈頂凌下種〉發在「頭版頭條」，並獲得了大獎；將汪曾祺最滿意的小說圈定為〈職業〉，高山流水覓知音，汪曾祺在出〈矮紙集〉時才點將要他寫序。有此三事，對他的書就格外留意。

《文壇邊鼓集》是他的第一本書，一九八六年由北嶽文藝出版社出版，印數三千多冊，已難得一見。有幸得來細讀，方知他的處女作〈詩愛好者的意見〉，發表在一九五五年《光明日報》。雖為處女作，但見識清醒：「不可否認，聞捷的詩也有不足的地方。」這是說足優點後，他的直言其弊：「不善於運用詩中人物對話」；「有一些詞句是缺乏詩意的」。讀所舉列，言之有理，對他的膽識不禁大為欽佩。其時聞捷正紅正火，他初出茅廬，還問鼎《光明日報》，足見文采出眾，膽識過人；還可知他年輕時就善於獨立思考，不願隨大流；改革開放後，他的文章更為出類拔萃，甚至還讓有些人瞠目結舌。

〈且說「山藥蛋派」〉，就是這樣一篇振聾發聵的文章。這是在「四凶」倒臺後，他的「斗膽」之作。這看似是在說「山藥蛋派」，其實是在為趙樹理樹碑立傳。其時「兩個凡是」尚未煙消雲散，他有此為，其膽識與擔當也即可知一二了。但他卻是輕描淡寫：「這篇文章寫得很粗疏，失誤不少。引起批評，引起一些爭論。正是因為如此，我在編入此集時，沒有改動這篇文章。」保留原汁原味，也是他特有的清醒，這可與當年批評文章進行對讀，以來明斷是非：還可為「離開當年的時代背景」做個證明。有爭論，就是引起了反響，他又寫了〈再說「山藥蛋派」〉，以及〈重讀《邪不壓正》〉來為趙樹理評功擺好。一個外地人，能對「山藥蛋派」的形成、發展、傳承及影響瞭如指掌，除了旁觀者清，就是他善於獨立思考。不人云亦云，始終有清醒認識，他才毫不臉紅地將〈讀《傷疤的故事》〉、〈采采流水，蓬蓮遠春〉這些早期文章，拿來示眾。要知道，在「文痞」走紅之年，評論家們也都「近朱者赤」，這也成為他們羞於示人的病灶。他清醒著，才坦誠著，也與時俱進著。現在他依然文采飛揚、見解獨到，就得益頭腦清醒。

一般來說，對別人清醒易，對自己清醒難，這也就是人貴有自知之明。對於《文壇邊鼓集》的得失，他在〈前言〉中說得非常到位：「那些文章都不能說『好』，可是都『早』。為什麼說『早』呢？因為我讀了點作品，常喜歡寫點讀後感之類的短文。」儘管占了「早」的優勢，他還感其淺薄，後經朋友鼓勵，也覺得對研究山西作家還可提供點參考資料，這才挑選結集。但他非常清醒，當有人誇讚它頗有影響、獨具創見時，他卻沒有暈頭轉向：「好不到哪去，你不能離開當年的時代背景。」知人者明，自知者智。不老王賣瓜，這書就值得一讀；而那些自吹自擂者越能忽悠，有逆反心理的就越不買帳。我對這個「好不到哪去」的清醒人，倒先添了三分好感。

在主編《汾水》、《山西文學》時，他所寫《編稿手記》，也是頭腦清醒的例證。《編稿手記》共二十四則，僅舉其第一則，就可知他的清醒清幾許了。「小說的路子多不勝舉，何止於十八般武藝。

青年作者量力而為，練不了十八般武藝也練他三招五式，有何不可！或曰：這會不會影響固定的風格。我看不必擔心。自古以來，凡有獨特風格的作家，倒總是有多種筆墨的。囿於一種筆墨，反到不利於才能的發展。」這是他讀張石山新作《橛柄韓寶山》所寫議論。小說能榮獲大獎，可證他獨具慧眼。藝術都是相通的，寫書話也應多幾副筆墨，才能婀娜多姿、嫵媚可人。得清醒者指點，可多一點清醒，少一點迷茫，讀他這樣文章，應多多益善。

廉頗老矣，尚能飯否？他老當益壯，清醒如常。這從他近期發表的《且說「路之信」行當》，即知他雖年已八十，文思見識依然不減當年。路之信為何許人？電視劇《手機》中一位專業哭喪人，也就是為辦喪事人家製造悲哀氣氛的代哭者。這行當屬願打願挨，也不必深究，問題是現在竟演變為「網路票選」，即代投票人投自己的票，以讓票數超過競選對手，這樣的「路之信」多了起來，選秀又如何來辨真假，更何況有些還為國選，難怪他痛斥「路之信」之為，也希望這種行當應趕快消失。

讀點李國濤的書，可多一點清醒，少一點挨忽悠，也不會去忽悠別人。更何況他並不當紅，書價也不貴，要讀還正是好時候。

以書惠友學謝泳

如何來選購、研讀和處置舊書刊，對愛書人來說，因有境界高下之分，也就有了成就大小之別。《靠不住的歷史——雜書過眼錄二集》，是謝泳先生的新作，再一次顯現了他「文字的力量」。關於這個話題，他雖然偶有妙語，卻也令人大開眼界。尤其是他以書惠人之舉，更是讓我深感敬佩。

他以書惠人，是以胡適為師。在《歐特曼教授哀思錄》中，他就表明了此意：「當年胡適把孤本《紅樓夢》寄給不曾見過面的周汝昌使用，那是何等胸襟。」對胡適敬佩有加，見有請求複印此書者，他隨即覆信：「此事這樣處置：因為我前一段在北京見過葉雋，本來答應把此書送他，他是專門研究中德文化交流的後起之秀，想你們可能認識。現在既然貴校圖書館還沒有此書，我想就把此書送給圖書館（如果貴所有資料室，就先送給資料室，我的要求是一定要讓研究者方便使用），算是我無償捐贈，然後先留您處使用。同時您複印一冊寄葉雋即可。」為何這樣處置？因為「這本書本來就是朋友送我的，我不敢據為私有。」為此，他還發了一通這樣的感歎：「中國老輩學人中，本來就有把重要史料送歸國家機構的傳統，只是這個傳統為人忘記了。」他要把這「為人忘記了」的傳統延續下去，而這只是其中一例，讓人們對此也充滿了希望。

他為何要延續這個老傳統？因為「喜歡看舊書，但我並不是什麼舊書都要，我要的東西肯定是我過去多少知道一點與它相關的知識或者其中能保留我想像中的記憶，有收藏價值的我很少要，因為我的興趣是在研究和材料方面。有些東西我有用就留下，有些東西知道朋友有用，就找機會送給他們。老輩學者都有這樣的習慣，我也是從書中看到這是一個研究者的素質，所以想學一學」，這就是他以書惠人的初衷。這節文字出在〈讀《江南實業參觀記》〉，他既然想「找機會送給他們」，有人寫信求用，當然就「無償捐贈」了。

能「無償捐贈」，還因為他將此看作是「一件非常愉快的事」。在〈關於陳寶箴的一條史料〉中，他對此也說得很詳細：「我因為接觸過一些研究自然科學史的學者，所以有時候在舊書市場看到與他們專業相關的史料，也就順手收集起來。這些東西我一般的做法是看過就送人，在我，這是一件非常愉快的事。」為何「非常愉快」？這出於他對舊書收藏的認識：「今天的舊書對於一般的讀書人來說早已沒有了研究意義，為研究到舊書市場找書已是一件很奢侈的事，舊書成了收藏家的天下。老輩學者在舊書市場上找書，不是比錢，而是比眼光和興趣。有的東西收藏有意義，但對研究就沒有多少用處。」有此認識，他才「感覺，這些年也有一些依靠收藏舊書、舊期刊發了財的人，在境界上有問題」；「這也就是為什麼真正的收藏家不願意把自己畢生收集到的東西傳給後人，而願意給了國家和有用的人。」有何境界就有何作為，這節寫在〈由《錢理甫先生家傳》說起〉的文字，正是他能以書惠人的胸襟。

那麼，他又將哪些書惠送於有用人了？在《關於伍連德的材料》中，他將一九三一年版的伍連德自述《得之於人用之於人》：「後在上海見到曹樹基先生，聞他對此有興趣，遂送他留念」；在〈我看到了《西文東方學報論文舉要》〉中，他表示要將它送給「廣州朋友」，「因為他的學術工作需要這個東西」。《滬江大學一覽》是一冊有關中國早期大學的史料，「有一年我到上海訪學，送給了復旦校史組的龔向群老師」。因送的人多，有的連名字也索性略去。例如

《平津國立院校教職聯合會會員錄》，他「就隨手送了愛書的朋友」。朋友得書的意外驚喜，也就是他最大的快樂。

他送書，他快樂。有意思的是，為了書能惠人，他還發佈欲送「廣告」：「這兩本書出版較早，坊間已不易見到，所以特別介紹，以備將來想使用者可以方便尋求。」這兩本書一名《建築新法》，一名《製絲新法》，均為晚清工業方面的著作。因為稀缺，書價不扉，又願「使用者可以方便尋求」，他才「徵婚」待嫁；《雲南遊記》和《雲南各夷族及其語言研究》「想送朋友，但一時還沒找到合適的人」，使這「愉快的事」暫無「東床」。

除以書惠人，他還抄書惠人。在〈張子高解釋《李約瑟難題》〉中，他寫道：「我近年讀書，凡看到與此相關的敘述，都抄錄出來供專門研究參考。」這等胸襟，真可稱是學者中的「孟嘗」。知他如此高義，贈書者也紛紛找上他的家門：蘇州黃惲送他一大批大學史料，溫州盧禮陽送他的《劉景晨劉節紀念集》，南京鄧伍文、羅建送他一本他們的著作《西京兵變與前共產黨人》，此外，還「有個朋友送了我一套湯一介主編的《二十世紀西方哲學東漸史》」，才促成了他寫〈中國誰最早介紹胡塞文〉一文。他以書惠人快樂，他抄書惠人還快樂，他得友贈書更快樂。他的快樂，讓愛書人為他的快樂而快樂，也在羨慕中想分享這種快樂。

讀書是為求知解惑，更要見賢思齊。讀完這本書，好像又聽了他一堂課，那溫和語調，如沐春風。在敬佩中，不盡也有以書惠人之願，哪怕就是一本，他這本書也沒白讀。

名士行狀錄

——讀《存素集》

「海佑此亭古，濟南名士多。」杜甫這兩句詩，讓泉城聲名遠播四海。只是這名脈時續時斷，現在終於有了自牧來做續接。但此名士非彼名士，讀完《存素集》中六卷《日知漫錄》，就可十知八九。這部寫於十二年前的日記，正是他的名士行狀錄。它雖然僅為半年，卻從「書天酒地」中可知，這是他成名的根據地。

將自牧稱為名士，已有眾多愛書人在津津樂道。南京老作家宋詞和武漢書話作家黃成勇，他倆在為《存素集》所寫序言中，也均以此相稱，可證此名不虛。黃先生還以己為例，以事證史：十年前他去濟南，晚上無事，欲找個愛書人閒聊。經友人提示去找自牧，果然是「點滴空閒都被自牧等安排得嚴絲合縫」。在「書天酒地」中快活的樂不思蜀了，無癖就「難登上」他「賊船」的擇友者，自此還將自牧敬以大哥相待。

自牧能被愛書人稱為名士，就得益於他的根據地「書天酒地」。所謂書天，從他這三天的日記，就可知何有此稱了：一日，「致蘇州雅士王稼句信……讀王力先生的《詩詞格律》」；二日，「讀趙孟頫《嚴寺帖》。下午，詩友韓鎮廣引牛魚龍、劉延華來唔，關於牛魚龍的詩稿《男人的相思》，應允納入《四季詩叢》」；三日，「晚，應邀去丁彭老府上小酌，力薦丁彭老為煙臺詩友賈宗儀的《激揚集》寫序。丁老轉交了建元兄散文新著《尋找生命的原色》一冊」。因是一年之始，都忙於訪親會友，三天中讀、收、寄的書並不多；此後就是一日不可無書，有時甚至會多達十來種，可以說整天都在讀、寫、收、寄、校中周旋。有人著文說，他一年光寄書就多達三千冊。由此，就可知他的「書天」該是何種情景。

「書天」如此，「酒地」又當如何？且不說他每天都忙在飯局中浸泡，只看這酒量，就可知所言不虛：二月七日，下午應王君之約登山望遠，「下山後，饑腸轆轆，遂打的去春節期間照常營業的民族館店小酌。兩人一斤『白趵』，不多不少正好」；二月九日，「及午，去岳父家吃飯，喝茅臺、秦池古酒、金貴特曲約六兩」；五月一日，「中午，應陳兄之約去五環美食城小酌，大放衛星，兩人喝了一斤白酒，外加四紮大啤酒。」如此豪飲，下午還照樣「校稿」。但如此廝混，也有難以承受之時：「至十時，計消滅『黑趵』三十二瓶，因心臟負擔過重，略感不適，為保全身體，下不為例。英雄俠氣害人不淺，察之當猛醒自誡也。」這是六月十二日所記，為陪眾友喝得盡興，他才得此後果。

酒壯英雄膽，亦贏俠士名。但如無盛酒的好皮囊來相助，也就難以成為名士。自牧雖非海量，卻能捨命陪君子，這才讓他在名士之路上勝人一籌。其實這也在情理之中，一個人如煙酒不沾，飯局上就少了點歡快的氣氛，交友中也多了些交流的障隘。他能左右逢源，實為天生麗質。因此對「六場絕緣齋」，他就不以為然：「做什麼事，別太走向極端。走向極端，其結果可能要適得其反。人之一生，能夠與『六場』真正絕緣嗎？我看說說可以，實際做到太難了。」那他又是如何，此中雖不為高手，卻處處可逢場作戲，來「人生得意須盡歡」。而他又能「甘天下之淡味，安天下之卑位，不戚戚於貧賤，不欣欣於富貴」。也就安於淡泊，順其自然，這也是他以為自牧、淡廬為名號的本意。

有安於淡泊的心態，又有待人坦誠的胸襟，才讓宋詞覺得，他「是位雖萍水相逢但一見如故傾心相交的朋友」；長沙詩人吳昕儒在電話中拖他買張車票，見面後票先塞到手：「內心的溫暖一下子蔓延開來。」他對文人雅士如此，對同事又怎樣？且看他的日記：一月二十二日：「主持評選辦公室人員一九九六年度先進個人，我主動讓出。」一月二十五日：「晚五時，省委機關醫院全體人員於五環美食城會餐。我做為『總管』，責任重大。九時，因有兩位酒後失態，恰到好處收場後安排大家跳舞唱歌。十時許，把大家一一送走，我的任務也就完成了。忙累半天，為使大家笑開顏，值得！」此後還有多方借車，帶院工們去旅遊兩次的文字，可知他「親民」也挺到位；而從這則「此前我費了不少力也沒有弄到，真是有點愧對友人之拖」的自責，更可知他待友的真誠。因天生愛管閒事，還受到夫人的埋怨。對此，他無怨無悔：「愛管閒事，是我的本性，甭管妻子怎麼埋怨，大概今生今世難以大改了。」此語出自六月二日記，這是因「借款三千元」到期未還呢？還是為「予五萬元以示支持」惹出了麻煩？尚不清楚。然而由此可知，他是因肯於舍才有之得，並非浪得虛名。如再知他為《日記報》還債的義舉，也可知這事看似平常，卻實非常人可為，更非心血來潮。

自牧先生對朋友慷慨大方，已人所共知，在日記中也有多處記錄。有一次全家人去吃請，結果請客者卻忘了帶錢，倒讓他反客為主買了單。而他能一笑了之，才倍受尊敬。其實他並非大款，也不樂當冤大頭，只能說是本性使然。對於小氣鬼，他尤為卑視：「十二時，於五環美食城請呂、楊二位小酌。呂君的小氣，是大家公認的，鉄公雞腚，你就別想拔下一根細毛！」這是六月二十日記，除了表示憤慨，也顯示了他的大度。水至清則無魚，宋江能相容並包，才在梁山座了頭把交椅。自牧亦然，才得以成為名士。這除了他有盛酒的好皮囊，還在於有豪爽俠義的好脾性。這得益於血脈遺傳，非包裝可為邊。「詩聖」的「濟南名士多」，正是對他最好的讚美。

其實，豪爽仗義與窮富並無多大關係。俗語云：一分錢難倒英雄漢，這就是說，人都有一籌未展之時；但它另一層意思是，在能伸以援手能否慷慨相助，這時候才顯現一個人的真假虛實。朋友張口借錢三千，借與不借，借後不能按時歸這又當如何？他如面有難色或期期艾艾，就很可能會掰了交情。而他能做得完美圓滿，這就是將友情看得很比錢財更貴重。其實他也靠工資吃飯，三千塊錢也並非小數，居家過日子，那也是一卯頂一星。更何況買書還是個填不滿的無底洞，到時如囊中羞澀，也只能是望而興歎。而他能一一妥善應對，全憑他有寧肯委屈自己的好心腸。所以說，一個人只有達到「寧可天下人負我，我不可負天下人」的境界，他才能與名士結緣。

自牧能成為名士，除了他有自身的條件，更得益他的官職。休看輕了這不大不小的官職，要想左右逢源，全憑這塊招牌。假如他真是一介布衣，那縱有為朋友買票之心，也是心有餘而力不足。有此優勢，他又是一級作家，就上可結交名家雅士，下可惠及文朋書友。得此天時、地利、人和，名士之冠也就非他莫屬了。濟南的騷人墨客可謂多矣，明乎此，也就明白為何只有他能得此殊榮。現在出點小名並不難，難就難在能否讓眾人敬佩和認可。有才太傲，沒人來親近；有錢太摳，沒人願往來；有權太橫，沒人敢理睬，當然也就沒有了眾星捧月。他四月三日的所記：「下午，與李君談話，言明朋友之間相待要寬容一些，大度一點，萬萬不可糾纏一事一時甚至一言一行。」有此心態，也就有了他的名士之旅。

然而，名士也並不那麼好當。他在四月十四日開筆即記：「忙於接待，疲於應付」，也可知此中的無奈。尤其在寫文作序上，更要認真推敲，否則也會自找出醜。幸好他有自知之明：「蘇州多才子，濟南名士多；才子著美文，名士多高論。」此語雖是自警，但日記中也一不留神就冒出了一些高論。此語雖不太多，因頗有雷鋒味，才遭到譏諷。這是屬於名份所需，還是有意在為刊行設置綠色通道？鬧不明白。好在這是一九九七年的文字，已今非昔比。它能保持原汁原味，不予修飾，也顯現了他「抱樸存素」的心態。否則，它與《存素集》的書名也就不大協調了。

讀《存素集》，對他兩種寫於不同年代的日記，也應有具兩種眼光，才能品出它的原汁原味，知道此名士非彼名士。他與時俱進了，是現代的名士。這也只有在改革開放後，才讓這已消失多年的名脈得以接續。從這一點上來說，品讀他的全部日記，還可以寫一部現代版的《名士行狀錄》。

《南窗寄傲》寄情懷

好書名猶如美女行街，可讓人眼球一亮。馬門全先生的《南窗寄傲》，雖然混雜在舊書堆中，還是讓我一眼挑出，到家就饑不擇食，只覺得相見恨晚。

有好書名還得有好文章，否則就是驢糞球子外面光。「倚南窗以寄傲，審容膝之易安」，陶老夫子的傲岸情懷，正是此書的風骨。馬先生有自知之明，在〈自序〉中稱：「本人當然沒有陶處士那令人羨慕的傲岸情懷，不過一俗人而已。但因不通人情世故，有話總好直說，且多不合時宜，所以每受親友嗔怪。俗人而又任性不群，誠人生一悲。」此為自況，也正是他性情文字的真實寫照。

《南窗寄傲》收文六十餘篇，都是他不合時宜的性情文字。這從文章題目就可略知一二：〈不該想到的話題〉、〈「沒有辦法」說署名〉、〈我看今日文化界〉、〈另一種浮燥〉、〈為學術嚴肅性一哭〉，還有〈此風堪憂〉等等，都顯示著他「有話總好直說」的「任性不群」。「談到現今文化界，人們每每歎息文化大師越來越少，恐『碩果僅存』的幾位大師作古後，中國將不在有文化大師了。」這是〈我看今日文化界〉的開篇語，而此中原因，就是以著作多少來評定職稱的惡果：「多年來甘於坐冷板凳、學有所成的真學者，社會影響反倒不如一些假學者。這才是現今文化界的最大悲哀。」他寫得切中時弊，又一針見血，耐讀耐品，有震聾發聵之感。這本是學者應有的膽識與骨氣，只是現在他這樣的文化人太少了，「南窗寄傲」，才顯得尤為可貴。

但寄傲還須有真學識，方能叫人敬佩。由東漢墓出土的「馬踏飛燕」銅奔馬，為郭沫若當年命名，從此這個錯名還就替代了真名。何為它的真名，典出何處？他在《武威銅奔馬》中作了詳細解答：銅奔馬名叫「飛廉奔馬」，這在《後漢書・董卓傳》中有記載：「又壞五銖錢，更鑄小錢，悉取洛陽及長安銅人、鍾虡、飛廉奔馬之屬，以充鑄焉。」華嶠還在《後漢書》稱：飛廉是神話傳說中的風神，東漢學者應劭說它是一種神鳥，能至風氣。《三才圖會》裏的飛廉圖，便是一隻飛鳥。」由此可證，銅馬所踏「飛燕」，其實是飛廉，它只不過形似燕子而已。假若郭老有知，也應為此正誤而感欣慰。

這樣正誤文章，還有多篇。艾青的成名作《大偃河——我的保姆》，我曾把大偃河誤為河名，它卻是保姆所在村子「大葉荷」的諧音。如不讀《說「誤讀」》，恐怕就要糊塗一輩子。清明寒食節，傳說是為介之推不以功邀賞，因與母親躲入山中被燒死而來。但這是個以訛傳訛的故事，他在《閒話寒食與介山》中，引經據典，讓人茅塞頓開；王羲之《蘭亭集序》，可謂無人不知、無人不曉。但「修楔事也」的「修楔」，一些辭典也注釋有誤，讀《關於「修楔事」》，就會明白它作何解。知其然又知其所以然，就要多讀書。但多讀書，也要多讀《南窗寄傲》這樣「結實的書」，才能有結實的學問。

「結實的書」，語出程千帆之口，是勸人寫「實實在在有見解、有份量的著作。」馬先生以此為題，是警世亦是自警。他與共和國同齡，大學畢業後在文聯工作，如想「近水樓臺」，出書當然輕而易舉。但他恥以王同億輩為伍，也不願與寫阿諛文章，只敬重黃侃五十方著書、恩師羅元貞的治學精神，不以創作自豐為榮。有此，他才為《傅山全書》出錯而遺憾，也為給錢鍾書指誤而驕傲。他出書了，但《南窗寄傲》還不足二十萬字。然而作為《思想者雜語》叢書中的一種，他置身於藍英年、林賢治這些名家之中，其書份量可想而知，其人才氣與學識，也可想而知。

然而說來卻讓人難以相信，他這位滿腹詩書的學者，只是黃河岸邊的一個農家子弟。他因「文革」而失學，十六歲就開始以種地謀生。只因酷愛讀書，就將高中語文課本中的名篇折釘成書。從此，魯迅的《祝福》，葉聖陶的《多收了三五斗》，就讓他「在勞累和苦悶中，總算有少許時間可以讓心靈得到一些安慰」。真應了「三十年河東三十年河西」那句老話，恢復高考那年他考入了大學，才開始了新的人生。正是有了這樣的人生經歷，才有他《一本沒有書名的書》；「不是一人能誤國，吾曹何至淚常潸」，有了這樣的人生思考，又有了《南窗寄傲》的出世。

在〈不該想到的話題〉中，他提出了知識份子英年早逝的沉重話題。他們這一代人，長身體時趕上了「三年困難時期」，該讀書時又被「上山下鄉」，偏偏又有為事業而獻身的精神，也就有了這種可怕的現象。但他們又義無反顧，堅守良知，讓人對他們心生敬意。然而，這種傲岸情懷，還會後繼有人嗎？當社會為追逐金錢而瘋狂時，還有人寫《南窗寄傲》、有人讀這樣的書嗎？

張賢亮與他的〈大風歌〉

為紀念改革開放三十年，著名作家張賢亮在《收穫》上了發表了長文〈一切從人的解放開始〉。其中在說到他被打成「右派」時，有以下文字：「發表長詩〈大風歌〉正值一九五七年七月，『反右運動』最激烈的時候，《人民日報》馬上發表了一篇嚴厲的批判文章〈斥大風歌〉。《人民日報》今天仍有很高的權威，當時簡直就是『聖旨』。於是我當仁不讓地成了『右派』，受到處理『右派分子』的頂級懲罰：開除公職，押送勞動教養。」

張賢亮祖籍南京，受命運的捉弄，他被「移民」到寧夏，由此才與《延河》有幸結緣，也有了因言至禍的遭遇。然而因禍得福，這又有了他後來那麼多燴炙人口的小說，也有了那座名聞中外的鎮北堡電影城。但〈大風歌〉他在回憶文章中卻很少提及，〈重放的鮮花〉也沒讓它重放，人們對這篇「大毒草」的真面貌和它的出籠經過也就難知其詳。還好，當年《延河》曾經披露過一些相關材料，現將它們重做摘錄匯總，可以瞭解其中的一些來龍去脈。

〈大風歌〉未發表時，《人民日報》已發表了社論〈這是為什麼〉，吹響了「反右」號角。它的出籠，正好為「反右」樹起了一個批判靶子。《延河》在第八期發表了兩篇批判文章：〈本刊處理和發表〈大風歌〉的前前後後〉和〈這是一股什麼「風」？〉；《人民日報》的〈斥〈大風歌〉〉還指名道姓，一時間讓張賢亮名揚天下。只是此時他已成眾矢之的，再不是昔日風華正茂的詩人了。說起來，如果不「移民」到銀川，他與《延河》也許就不會有此瓜葛。《延河》是西北地方的名牌大刊，做為青年詩人，他投稿《延河》也是最佳選擇。《延河》也確實對他厚愛有加，從一九五七年第一期開始，就將他的〈夜〉發表在詩歌專欄的頭條，第二期又發表了〈在收工後唱的歌〉；在第三期發表〈在傍晚唱的歌〉時，除排在第一條，還用了黑體字。在土木所寫的《編後隨筆》中，更是對他大加讚賞：「一個青年，參加了一天的勞動之後，在傍晚，站在高高的麥垛上，臉上帶著激動的表情，望著豐饒的土地和遠遠近近的安寧幸福的村莊，一往情深地唱著一支歌——〈在傍晚唱的歌〉。一顆心隨著歌聲飛起，投進生活的激流，跳動在生活的激流裏。祝福這個青年，願他的心胸隨著對生活的更深更廣的追求而更加開闊和充實，願他的才華發展起來，願他的歌更響。」土木其實就是詩人玉杲，沒想到這位編輯部主任的心願，還沒過半年就化為了泡影。真是一失足則成千古恨啊，張賢亮無論如何也沒能想到，〈大風歌〉的飆風一下子就將他吹向了萬丈深淵。

〈大風歌〉完稿的時間是在此年二月，寄到《延河》編輯部後，起初決定安排在第四期發表詩的前半部分。但是：「等到校樣的時候，詩歌組裏的一位同志感到詩裏有些問題，就找余念商量。余念也認為這首詩象革命爆發前夕的詩，像五四時期的風暴一樣，和今天的時代精神不吻合。余念為了愛護這位『青年作者』張賢亮的才華，免得發表出去受批評，就建議主編抽下來。經主編和住會作家王汶石等同志研究後，抽下了〈大風歌〉。編輯部並給張賢亮寫信，從創作傾向上提出了批評，但張賢亮不接受，反而寫來了一封更惡毒攻擊黨的信。主編胡采同志看了張賢亮的〈大風歌〉和來信以後，認為〈大風歌〉裏這種盲目的、瘋狂地反對一切的情緒，在一部分青年知識份子中有代表性，發表出去討論有一定的意義，就指示余念把〈大風歌〉加按語和來信一塊發表。詩歌組有的同志不同意發表來信，建議讓作者根據來信寫成後記發表。可是等張賢亮寫來後記後，余念又認為空，不主張發表。到了六月初，當右派份子倡狂向黨進攻的時候，余念向副主編魏鋼焰提出：『〈大風歌〉這篇稿子壓得時間久了，這期（指七月號）發了吧！』余念沒有執行主編的指示，沒有發表來信和後記，也沒有加按語，就在七月號發表了〈大風歌〉全詩，而在〈編後記〉中隻字未提。」以上這節文字摘自〈余念在《延河》編輯部幹了些什麼——揭發余念篡改《延河》方向和爭奪《延河》領導權的活動〉，發表在第十一期。余念也就是編輯部主任玉杲，他發表在《延河》第二期發表長詩〈方采英〉，被批判為大毒草，再加上這一條「編績」，與張賢亮就成為一同落網的難兄難弟。

如果張賢亮不理直氣壯的寫了回信和後記，而是不想發表〈大風歌〉了，他也許能逃過這一劫。只是當年才二十一歲的一個語文教員，還不知號召「大鳴大放」是「引蛇出洞」的「陽謀」，只想讓大風：

> 我要為你能吹到遍地、
> 任那戈壁灘上的烈日將我折磨、
> 忍受深山莽林裏的饑渴、
> 不怕皮破骨損，不怕滿身傷痕。

這才自信和摯著地堅持要發表〈大風歌〉。且看他為〈大風歌〉所寫的〈後記〉，還真是有點「倡狂至極」呢：

> 〈大風歌〉是在新時代的大風中寫成的。這大風以它奔放豪邁旋律促成了這首詩。
>
> 這個時代帶來了一連串否定，帶來了強烈的光和熱，帶來了石破天驚的變革。這個時代是歷史上未有的，這個時代像地平線一樣，劃出了黑暗與光明兩面。

> 這個時代要求每個人隨著它的改變而改變。誰能符合這個時代，誰才能掌握這個時代。
>
> 我寫〈大風歌〉，就是要向這些朋友做一隻「牛虻」，要和大家一樣共同把他們從蟄居的狀態中驚起來。
>
> 我寫〈大風歌〉更為了要獻給大多數熱情的朋友們。我要把〈大風歌〉加入這偉大的人的偉大的建設中去，讓我們手挽著手來迎接這如狂濤而來的新時代，讓我們敞開衣襟，讓我們挺著胸……
>
> 〈大風歌〉有許多不成熟的地方，希望同志們指出來。我們這個時代的人一發現自己的錯誤，將會比人家的要求更嚴格的改正自己，我們有「聞善言則拜」的精神。

這是〈後記〉中的片斷，那〈張賢亮給編輯部的來信〉又寫了些什麼呢？摘錄如下：

> 來信及稿均收到，您們要我把〈大風歌〉的後半部再寄來，並要我表示一些意見，很好！我覺得這樣開誠佈公的互相談談看法，將能使編輯與作者之間彼此瞭解更深，對作者來說是更有利的。
>
> 現在我談談我的看法並附上〈大風歌〉後半部。您們對已發表的三首詩的意見和退回的兩首詩的意見，我很同意。本來，後兩首詩確實很不好。
>
> 您們說「任何浪漫主義的詩人的偉大都是因為他代表了他所生活的那個時代，並不僅僅由於他的熱情和浪漫主義色彩的關係」，這點對我的啟發很大，對的，我從前過分強調了熱情和浪漫主義的精神。並且有意放縱自己的感情，不叫刀斧在任何地方修園一些或削方一些，讓我就成「我」。為什麼會這樣呢？我缺乏生活（我的經歷給了我一

點可憐的生活經驗)。我不懂技巧,使我拿起筆來的是這樣一種感情;這感情不是一個火熱的,充滿著鬥爭的生活場面所激發的,而是一條新聞,一片土地,一架新購的犁,一陣鈴聲或一個小小渡口引起的,這是實話,也正是我所苦惱的地方。我寫了不少抒情詩,這些詩我認為比發表的在感情上都豐富,可是就是沒有現實意義,倒有些像濟慈、或華滋華斯的最壞的作品。『到處有生活』這話大家都認為不對,我更以自己的親身體會來反對它。」

不要扯遠了,談談〈大風歌〉。

我是一個業餘作者,又是青年,我有很多機會和一般青年接觸,而且能和他們談知心話,看見他們一般人不容易觀察到的精神狀態。您們說我有憤懣的情感,不錯,我有的,您們說我有不平的聲音,不錯,我有的,而且我不只憤懣,我還痛恨,不僅不平,我還責罵。為什麼呢?我就是看見很多青年的行為,聽到很多青年聲音的結果。編輯同志:難道您們沒有感到和平時期青年的精神麻痺了嗎?難道您們沒有感到生活提高的結果,青年產生了享樂主義了嗎?難道您們沒有感到風暴,沒有激烈的階級鬥爭,沒有動盪的革命行為,青年是怎樣的在那裏想著個人,知識浮淺隨波逐流,對時代熱愛不深,對生活擁抱不緊嗎?請相信我,我沒有偏見,沒有只看到一部分,我看到的是成千個被稱為積極分子的人呀?而且很大部份是黨員、團員,在南京,在北京,在銀川。編輯同志!難道這不令人痛心,不令人憤懣,不令人不平嗎?我們不能再唱催眠曲了,我們不能再安慰自己了,我們不能再滿足現狀了,(我為我發表的三首詩而感到羞恥)忘記了「五四」,忘記了「一二八」,忘記了長征,忘記了延安的「紅小鬼」,忘記了自己的職責,在對祖國犯罪,在對時代犯罪。（我不是左派幼稚病患者，〈大風歌〉發表不發表沒關係，我要您們知道〈大風歌〉就是要把這種睡眠狀態下的青年喚醒。）

您們說「詩的感情與今天時代感情不合拍不協調之處」我並沒有感到。我認為〈大風歌〉是太不像一些詩的感情了，正是滿紙充滿著那樣的「自信樂觀」的詩再麻痺人的神經。英雄變為超人，官僚變為小丑，敵人是那樣的軟弱（無意識的把狼化裝為狗），各項工作是那樣容易展開，（用鮮花蘸著鮮血）現在的生活簡直沒有一點痛苦，（這是剛出校門的青年失望）編輯同志，這就是「符合時代感情」的詩嗎？不！這種類似「千福平」的詩正在被我們笑著。有生活經驗的人不愛看，沒有生活經驗的人看了飄飄然。當然〈大風歌〉的感情有些偏激，熱情成了狂熱。但這是一個站在山崗上迎接日出的感情。您們說〈大風歌〉「有以個人的並不準確的感情代替時代的聲音」，我並沒有代替時代的聲音，我只想迎接時代，並喚起青年朋友們自覺的來迎接時代，在這裏我的感情才能融合在時代的感情裏。

您們說「我給人以孤獨哀憤之感，這感情是不建康的。」那麼把「我」改成「我們」就沒有孤獨之感了吧，但這又是不可能的。從一個青年的感情裏並不是不可以看到青年們的感情。「我」只要能引起共鳴，那我就不會是「孤獨」的了。同時我這「孤獨哀憤之感」也正是我的憤怒所引出來的。一個人看見了一般人沒有注意到的問題，在還沒有引起大家注意的時候，相對的說來他就是「孤獨」的，而這個問題又是令人痛惜的，那末他就會有「哀憤之感」，我不認為這是「不健康」的，而對這樣的問題，我們還能說「跳舞吧！狂歡吧！」嗎？如果是這樣，那也未免對同志太不負責了。

> 同時，我覺得我的「壓抑憤懣不平孤獨哀憤」卻是「自信、豪邁、樂觀的」，我相信不久就會看見不「符合時代感情」的青年能轉變或被淘汰。而從我的自信中產生豪邁，我的「哀憤」的地方我理解是一個「樂觀主義的悲劇」，如果我不哀憤，我的神經也就要麻痺了。

此信寫於四月七日深夜，張賢亮的「樂觀主義悲劇」，果然一語成讖。〈大風歌〉發表後既成了「大毒草」，他也因它遭受了長達二十二年的苦難。

在批判〈大風歌〉臨結束時，《延河》第十期還發表了一篇文章：〈張賢亮是怎樣的人？〉，將他的家世做了一番介紹。張賢亮的爺爺名叫張銘，曾任駐尼泊爾專使，駐爪哇領事；父親張友農（又名張國珍），曾任上海華美貿易公司總經理，南京農興機器造油廠總經理、重慶中國工業社總經理等職。他在學校又是怎樣呢？「一九五一年九月，張到北京三十九中上學後，又與一紈袴子弟組成了『七兄弟』流氓集團。這個流氓集團除了散佈謠言外，還在校內外偷盜財物、打群架、調戲婦女、亂搞兩性關係。」他在〈寧夏有個鎮北堡〉中說：「一九五四年我十八歲時在北京上高中，因出身『官僚資產階級家庭』又屬於『關、管、鬥、殺』分子的子女，畢業前夕學校就找了個『莫須有』的罪名將我開除」，這「莫須有」罪名應當就是指「偷盜財物」；他在〈睡前絮語〉中還寫道：「朋友鄧友梅從日本帶回一本中國當代文學史，上面說我從小是個『不良少年』，很被他辱笑。不知日本人從哪兒弄到的情報。」如果不是妄猜，那就應是從此篇大作中獲得。但這篇「滿紙荒唐言」的文章一不小心也透露點真實東西：他「這時又在《人民詩歌》上發表了一首歪詩，得到了胡風分子化鐵的嘗（賞？）識，化鐵寫信『鼓勵』他，並相約而談。」這就可以證明，他最早發表作品的時間是在一九五〇年，這一年他僅十三歲。只是這首「歪詩」何名，他與化鐵又交談了些什麼，如果他能如實道來，一定是一篇絕妙美文。然而事隔多年，恐怕他已忘記了。如不是忘記，有關〈大風歌〉的回憶為何少而又少呢？

張賢亮的「不良少年」記錄，已被寫入日本的中國當代文學史。將有關〈大風歌〉的材料做以歸納公佈，就是免得以訛傳訛。因為他是當代有看重大影響的一位作家，〈大風歌〉也是上了《人民日報》的「大毒草」。他自從發表了〈一切從人的解放開始〉後，網上議論不斷，抄此相關材料，也旨在還原一點歷史真相。他在這篇文章中曾提到了胡適的那句名言：歷史是被人們任意打扮的小姑娘。她可按著人們意願任意打扮成各種模樣，此篇如與她原貌不付，那恐怕是在《延河》所發文章中，已被人按著他的意願化了妝。果真如此，那就只能由知情者來還其真相了。

第二輯

好人寫的德善錄

——讀《小城記石》

判斷一個官員的好壞，須待他從官位上退下來以後。如果在位時名聲顯赫，退下後門前冷落車馬稀，無人理睬，還被人指指戳戳，那無疑就是無有善行德政的酷吏。閻進忠先生也曾是一方父母官，他卸任後依然親朋如舊，受人敬重，過得悠閒自在，這就是為官積德行善的回報。《小城記石》寫的就是他為官的政績錄，也是一部好人德善錄。

〈小砌匠〉是《小城記石》的第一篇，只是他德善錄中的一件小事。小砌匠是溫州人，姓陳。小夥子因生活所迫，在他要砌一爐灶時來主動請纓。但因不懂砌灶的奧妙，只是照貓畫虎，結果是中看不中用。他另請一位高手做了改進，這才大功告成。雖是如此，但工錢他照付不誤，小砌匠也只收了一半。此雖小事一樁，但換了一個黑心歹毒的主，不讓小砌匠包賠料錢才怪呢。那些黑心的包工頭，那些野蠻的大蓋帽，都是只為撈錢不想積善在幹缺德事。而小砌匠因得到閻進忠的惠助，以後成為一個大企業家，還和他結成了忘年交，也像他一樣樂善好施。善行結善果，這值得仿效，也應選作此書的首篇。

其實，像這樣的善言善行，他在剛步入人生時，就有意無意的開始了，而且還不是一件。在《那山，那水，那日月》中，他就寫了這麼幾件事。一是與他上山下鄉的一位女知青，在表態發言時由於緊張將一條語錄念錯，而且還錯的截然相反。如他想借此往上爬，足可立一大功，這就會要了那位女知青的小命。在那荒唐的歲月中，借此向上爬的人真是成千上萬，而為此含冤致死者也難以計數。他沒落井下石，而是用送禮之策將此事做了化解。這樣的大恩大德，那位女知青一定會牢記一輩子。

他最初來到下鄉所在地時，生產隊長曾派兩個「五類分子」來為他打床。因無意中用了帶漆的木料，他皮膚過敏長了「漆臊子」。上面派人下來調查，如果他小題大做，這兩位「五類分子」就得背上一個「破壞上山下鄉運動」的罪名，後果也就可想而知。他「怕兩位『五類分子』遭罪」，就謊稱自己得了濕疹，使此事由大化小，讓兩位「五類」有驚無險。多年後他再與這兩位老鄉相遇，他們說：「當時多虧了你的大量」。有此一言，是可抵得千百張獎狀，這才是金杯銀盃，比不上老百姓的口碑；還有一次他半夜起來小解，突遇偷包穀的民兵隊長。民兵隊長嚇得下了跪，說是因兩個孩子餓的要死要活，沒辦法才……他放了民兵隊長一馬，不用說，他又救了一條人命，積下了一份大德。這看似是舉手之勞，如無一副菩薩心腸，又安能做此善事？須知，在那與人鬥其樂無窮的年代，又有多少人以莫須有罪名，來獲得他們的整人快樂？他們如遇此良機，不鬧個天翻地覆才怪呢。

與人為善，樂善好施，正是有一副好心腸，對動物他同樣也心生憐憫。《苗苗歸來》，寫的是一隻鵪哥三出三歸的故事。苗苗機靈乖巧，能說會道，但又酷愛自由，在限制它自由時就負氣出走，難以生存又重新歸來。如此三次，他就苗苗的遭遇，才寫下了這樣一段發人深思的話：苗苗這種鳥本來是「用喉嚨發音，而民間長期的撚舌既是故弄玄虛又是殘酷的，它的鄰類八哥，也是這樣。不知是誰發明的撚舌，弄得血淋淋的，虧人想得出來！它們是啞巴牲口，這個橫來已久的迫害，有誰幫他們平反呢！」疾言厲語，振聾發聵。對花鳥魚蟲尚且如此，何說人乎？書中所記件件積德行善之事，也就不是無源之水，無本之木，由此可知，他為何對「孫科長」的一些言行不以為然了。

他為何能有如此一副菩薩心腸？天性使然是一方面，後來影響才是重要的一方面。此即《三字經》的開篇語：「人之初，性本善。性相近，習相遠。」在《書師馬廷偉》中，他記下了這樣感人的一事：他在書店讀「蹭書」時，因讀的入了迷，待讀完了這才發現，馬師傅正笑瞇瞇地等候著他出店後鎖門呢。後來馬師傅知道他愛讀書卻無錢買，就將《論語》等書送給了他。馬師傅送給他的何止是幾本書，分明是將一顆友善仁愛的種子播灑在他的心田，與人為善也就成為他做人的標準。他的養父養母和母親，也都是嫉惡如仇、一心向善的好長輩，他們的言傳身教，使他養成了樂善好施的好脾氣，這也就成為他為官的準則。

有了這樣的做人為官的心態，他還將此總結為一條有益於養生的理論。在《養生十論》中的第七條〈與人為善論〉中，他說：「一事當先，先替別人打算，視人事為己事，視人難為己難，結果總會『投之以桃，報之以李』的。中國的古諺『善有善報』，就是這個道理。與人為善，首先是心理修養，處處看事情的正面，事事想別人的好處，常常修自己的德行，天天想本人的過失。修養既成，身正心寬，壽限豈不就長了嗎？所以，從養生計，從人生價值坦然實現計，做人要學會善解人意，善待人事，善從人緣，善合人群，這個養生就很有造詣了。」有此見識，他當然就積德行善其樂無窮了。

在諸多德事善事中，最讓人稱道、也讓他最為之自豪的事就是〈生命大營救〉。此篇做為壓卷之作，可見他對它是何等的看重。當然，以〈小砌匠〉善行開篇，以救命積德收尾，德善貫串全書，而且首尾呼應，也可見證他編輯此書的良苦用心。但書編的好，總不如這救人善事辦得好。話說二〇〇二年三月，有五名農民去一廢棄的礦井採集綠松石而遇險，命在旦夕。因營救未果，這才讓他臨危受命。擔任了營救總指揮。他捨生忘死，經過幾天幾夜的營救，終於不辱使命，將五位農民安全救出。成了當地轟動一時的新聞。但在他撤出礦井，面對記者的採訪鏡頭，他卻無一句豪言壯語，而是說了一句他的真心話：「我第一個想法是想洗個臉。」以他的口才和機敏，說幾句時令而又動聽的豪言壯語可以說是張口就來，但他為何卻說此一句不太精彩的話呢。其實，此話才最精彩，而這精彩之處就是一個臉字。人有臉樹有皮，人活得其實就是這張臉。明白了這一點，也就可理解他為什麼能捨死忘生的圓滿完成了任務，他為得就是臉面。臉面就是名譽，臉面就是口碑，臉面就是一個人最公正的業績和檔案。明乎此，也就明白他此為何要先洗臉了。他要用乾乾淨淨、滿面笑容的臉來面對他的鄉親父老。

如果說這句回答很精彩，那與之相比，他在慶功大會上的發言就更精彩：「良心使然，德性所致。這次別人如何評價我不說，我可以自豪地講：我這次積了德。憑良心講，如果我也受困，只要是發現了的人，多數也會拼著性命去救的。人性的基本是一致的，多數人的良心是一致的，因此，我感到，在這次搶救過程中，我的良心得到了安慰。我幹了一件積德的事，我感到高興。人說救人一命勝造七級浮屠，我們救了五條命，造了三十五級浮屠。這是大德呀，其黨性寓於德性之中，中華民族的優良傳統，就是優良德性。」說得多好！這是他三點體會中的第二點，也是最重要最關鍵的一點。如此的慶功會，開的可謂多矣，但如此談體會，談得還如此精彩的恐怕也僅有他一人而已。因為在一些人心目中，已經沒有了德善兩字的位置，甚至還把它們拱手讓給了別人，好像它們是臭的沾不得的東西。其實，若說現在世風日下，道德淪喪，根源也就在這裏。而他敢如此講，在如何為官的認識上，他同樣也積了大德！

「為官一任，造福一方」，已成了當今為官者的口頭禪。但如何造福，造福的目的是為了什麼，恐怕就沒有幾個人能說出所以然來，或者說沒有人能像閻進忠那樣，將行善積德當做一條衡量的標準。正因如此，才有為官者打著為民造福的旗號，實際卻幹著損陰缺德的勾當。那個喊出「誰影響我一陣子，我就讓他倒楣一輩子」的官員，就是他們的代表，當然他們也在老百姓心中，被判為了「酷吏」，也不把他們當做人來看待。因此，若為官者真想為老百姓造福，那就應該把它當做為自己積德之事來幹，有了這個標準，就不會幹荒唐事，不會讓老百姓罵娘，而自已也心裏安然坦然。此中，閻進忠就是最好的榜樣，《小城記石》就是他為官做人的一本德善錄，凡為官者都應好好讀一讀。

《小城記石》是一本好書，好就好在它將德善二字當作一條紅線，始終貫穿全書，讓人們對積德行善有了新的認識。德善魂兮歸來，德善是創建和諧社會的法寶。閻先生在此時推出他的這本大作，真是善莫大焉。

于光遠老的第一本書

《和青年朋友們談幾個思想問題》，是否為于光遠老的第一本書？沒有絕對把握。但若說它是他第一本研究思想問題的書，則應當毫無疑問。它由中國青年出版社一九五一年四月出版，為《青年學習修養叢書》中的一種。初版印數四萬五千冊，可見這類書在當時是多麼受歡迎。它為三十二開本，共一百一十頁，定價四千一百元（舊幣），折合成現在的人民幣，還不到五角錢。

《和青年朋友們談幾個思想問題》共收文章十篇，按〈編者的話〉說：它是研究探討關於愛國主義、革命英雄主義和勞動觀點的三組文章。第一組為四篇，它們是：〈談談愛國主義〉、〈站到光榮的崗位上去〉、〈新中國與新愛國主義〉和〈關於愛國主義的幾個問題〉。第二組文章有三篇：〈青年與革命的英雄主義〉、〈政治家與事務主義者〉和〈「精通業務、掌握科學技術」與政治鬥爭〉。第三組還是三篇：〈勞動創造世界〉、〈回答關於「勞動創造世界」的一個責難〉和〈答覆關於愛勞動的幾個問題〉。它們都曾發表在《中國青年》和《學習》兩種雜誌上，文章後面注有發表日期，這就為檢索查閱者提供了極大的方便。此種善舉，現在已大多被割捨掉了。

如按它每篇文章發表的時間來查找，可知〈談談愛國主義〉一文，發表在《中國青年》的總第四十八期。此期也就是一九五〇年九月二十二日出版的《慶祝中華人民共和國成立一周年》的「特大號」。清楚了這一點，也即明白他為何以「《中國青年》的編者要我寫一篇文章談談愛國主義向題」做為文章的開篇語了。同樣，也可查得〈「精通業務，掌握科學技術」與政治鬥爭〉和〈站到光榮的崗位上去〉，發表在《中國青年》的總第五十一期與五十三、五十四合刊號上，它們相距時間僅一個月多一點。可證他寫作是多麼勤奮，文章發表率是多麼頻繁。須知，這樣的文章並不好寫，它們又發表在《中國青年》這樣有影響的大刊上，上稿之難也是可想而知的。而它們的文字又都長達六、七千字，這還不包括發表在其他報刊上的文章，更何況這又是他的業餘寫作呢。在《我的書緣》中，他說年青時「精力旺盛」，可知並非自誇；而他在《何必藏拙》中，說他文章「文采就說不上了」，那就是自謙之辭了。

于老可稱是《中國青年》的專欄作家。在它的創刊號上，就發表有他的科普文章〈太陽——一個大火球〉，以後又連續在它總第三、四、七等期上，分別發表了〈月亮——死世界〉、〈陽光照耀下的各個行星〉和〈太陽的家族和她的家族？〉等系列文章。《中國青年》一九四八年十二月創刊，他此時正值身強力壯之時，難怪他文如泉湧了。說到它們的文采，這可用〈太陽——一個大火球〉的開篇為證：

> 東晉有個晉元帝，有一天，他正逗他兒子（晉明帝）玩，忽然從長安（今日西安）來了一個人。晉元帝就隨口問小兒子：「你看是長安遠呢，還是太陽遠？」小孩回答：「太陽遠。我們只聽說有人從長安來，從沒聽說有人從太陽裏邊來呀！」第二天，晉元帝當著許多臣子，想誇耀他這小孩的聰明，就又當眾拿昨天的問題問他，不料小孩卻說：「長安遠。」晉元帝吃了一驚，問他為什麼，他從容的說：「我們抬頭看見太陽，卻看不見長安呀！」（《中國青年》創刊號第三十五頁）

以這樣引人入勝的故事做為文章開頭，然後再將話題轉到講述太陽的正文，是會引起閱讀興趣的。而這如無豐富的歷史知識，巧妙的構思，又如何能將開篇語寫得如此漂亮？有此，其他文采如何，也就於此可知了。而難能可貴的是，他雖然著作等身，卻不願浪得虛名，由此也可知他的人品與文品。

〈勞動創造世界〉為篇幅最長的一篇，分別發表在《中國青年》的總第十一、十二和十三期，是唯一一篇分期刊載的文章，也是他改行開始寫思想研究文章較早的一篇。在此文中，有一節名為〈勞動創造文化〉，在此他提出這樣一種看法：「語言和文學也是因為勞動的發達而發達起來的。勞動的發達要求社會上人與人彼此間更多地更緊密地接觸與往來，需要用更完善的語言與文字來彼此的傳達思想。」他現在依然筆耕不輟，而且文章越寫越精練，越寫越有文采，也是在「用更完善的語言和文字」來傳達他的「思想」。

敬重于老，也非常珍愛他的這本書。當然也要永遠地珍藏下去，因為不管它是不是他的第一本書，在我的心目中，這就是他的第一本書。當然，這本小書對於著作等身的于老來說，並不是一本特別重要的著作，但畢竟是他與《中國青年》的聯手之作。今年是《中國青年》復刊六十周年，就權借此文做以祝賀。

買書高手陳平原

陳平原先生是蜚聲中外的教授和學者，也是我心目中的買書高手。雖然這與他教授學者的身份相比，不可相提並論，但在我這個愛書人看來，值得敬佩。他是個有心人，買書當然也能勝人一籌。

《書裏書外》是他的第一本書話集，為十本《學術小品叢書》中的一冊。它書雖小，還不足二百頁，但文章卻非常好讀。這是他讀書和買書的夫子自道，也是體會和經驗。我就是從它〈京華買書記〉和〈江南讀書記〉兩輯文章中，品悟出他的買書種種妙招，還將他視為見賢思齊的榜樣。

這兩輯文章前各有一篇〈小引〉，是導讀和寫作源起。《京華買書記》有文五篇，篇篇都說買書；《江南讀書記》收文六篇，買書只稍掛一將。此中所記之事，現在看來雖然實為平常，各種高招也並不神奇，但在人們還不懂藏書的八十年代初期，他可稱是先知先覺者。當今許多知名的藏書大家，就是在那時先撈得第一桶金。因此將他稱為買書高手，並非溢美之辭。

「身在北大，買書自然得從燕園講起」，這是《燕園》一文中的開篇語。燕園書店雖多，這也是藏龍臥虎之地，要買到緊俏書也並不容易。倘若進的貨少，也會一搶而光。而要想早點得手，就要眼觀六路，耳聽八方，及時捕捉書訊。他總結出的經驗很簡單也很實用，時刻留意書店的購書情景：「當然，這得眼疾手快，看到書店門口有人排隊，不管三七二十一，衝上去再說。北大學生口味挺高的，一般不會瞎搶沒用的書。」有此妙招，他當然就能捷足先登了。

除此之外，他還經常「到圖書館旁邊的社會科學書店轉轉」，也經常到北大出版社讀者服務處看看。在這裏，他買了馮友蘭的《三松堂學術論文集》、王瑤的《中古文學史論》，以及《美學文藝叢書》等若干種，有的還是代友人購買。飯後出外走走，順便買得心儀之書，也是件賞心樂事。古人讀書有馬上，枕上和廁上之說，他有此兩個經常，又買到了多少緊俏書？

北京書店多，但對於愛書人來說，去時也得會選日子。就說王府井書店吧，店大人多，到了年節假日星期天，讀者雲集而來，就不能精挑細選了。「因而最好不要星期天或者逢年過節時去，那時准會擠不開身，不是人挑書，而是書挑人。」若非常逛書店的行家裏手，這又如何體會出來？

在首都體育館前面有家「藝文特價書店」，他也常去光顧。它專售社會科學方面的降價書，但不髒不舊，有些在其他書店還不能買到，正樂得撿個便宜。他在這裏買了馮友蘭「新六卷」的《三松堂全集》中的四、五兩冊，還有《走向世界叢書》若干種和其他書。它們雖不是全套，但多跑幾趟就可配齊，省下錢又可順便再買新的，又何樂而不為？

新開張的書店更有好書可選，這也是他的一條經驗。海澱區開了一家文化書社，他在那裏買了岑仲勉的《隋唐史》、馮自由的《革命逸史》，還有謝國楨的《明清之際黨社運動考》。更讓人眼饞的是，他還買到了影印版《冬心先生集》線裝本。書價原為三元，打折僅賣八角。如說這為撿漏，那也是腿勤、眼勤和嘴勤的回報。無此三勤，它就會擦肩而過。

以他的買書經驗，買舊書與買新書的最大不同之處是：「不只是個價錢高低的問題，還要考眼力，憑機遇，看膽識，這才談得上其樂無窮。」他在琉璃廠有一次就購得了《昭明太子集》、《揮月集》、《石柱記箋釋》等五種六冊，其中還有兩冊線裝本，才花去了二元五角錢。這些購書發票他還保留著，如此書價，現在已是天方夜譚了。

法源寺也是一個買書的好去處，但一般人並不知道。他在〈法源寺〉一文中，寫了買到陳無量的《建設佛化家庭》、施劍翹等人的《自我介紹》，以及其他書的經過。有這難得一見之書，為何有人不知道？就因它為佛門之地，誤為只售些佛家經卷，孰不知與佛教有關的書，它也有的。買好書除有緣份，也要塌下心來，精挑細選，才會有所收穫。他做為買書高手，無非就在能做到細心和耐心而已。

有一次他到中山大學圖書館去查閱資料，中午吃罷飯，又趁閒去逛書店。偏巧書店正裝修，電鋸響，電焊閃，人聲雜亂，但卻絲毫不減他的淘書雅興。有耕耘就有收穫，在此處讓他買到《唐戲弄》。上下兩冊精裝，厚達一千多頁，才花五元錢，讓他連呼值得：「讀書人的心理真是怪，你白送他十元錢他不稀罕，可要是買書便宜了三、五塊錢就高興得不得了。我自然也不能免俗。」他之此言，實為至語，愛書人誰又不是如此呢？

與他這位買書高手相比，我就只能自愧望塵莫及了。就說買這套《學人小品叢書》吧，因早就心儀，見之即買，買罷也不檢查，結果等讀〈書裏書外〉時，才發現它為錯版：錯將〈琉璃廠〉與〈法源寺〉兩篇裝重了，卻少了〈蕪湖〉和〈南京〉。換已無書，退又不肯，只好將它當作寶貝珍藏至今。如果當初能像他一樣精通買書妙招，買罷再細查一遍，也就無此遺憾了。這也好，等有機會，就以此為由，請他在此錯版書上簽名留念，再索讀那兩篇文章，也算是因禍得福。

邵燕祥先生早期的五部詩集

邵燕祥先生從十三歲開始發表作品，至今已出書近百部，稱得上是著作等身。但他早期的五部詩集《歌唱北京城》、《到遠方去》，《八月的營火》、《給同志們》和《蘆管》，因年代久遠，已不容易見到了。

《歌唱北京城》是他的第一部詩集，一九五一年八月由華東人民出版社出版。它收有長短詩十五首：〈馬車〉、〈歌唱北京城〉、〈再唱北京城〉、〈從邊疆到北京〉、〈歌唱中長路〉、〈進軍喀什城〉、〈娘〉、〈收果實〉、〈山裏紅〉、〈祖國保衛者〉、〈送參空軍〉、〈給朝鮮人民軍〉、〈慰問信〉和〈郵工歌〉。

一九五四年九月，《歌唱北京城》改由新文藝出版社出版。兩個版本除了在開本、用紙和售價略有不同，主要區別是封面裝幀。華東版封面為白色有圖畫，新文藝版則全是紅色。但詩一字未動，連排序都未有改變。只是印數增加了，華東版為六千冊，新文藝版則增至一萬零八十。由此可知，它在當年受歡迎的程度。

《到遠方去》也有兩個版本。由新文藝出版社一九五五年五月出版的為第一版，印數一萬零一百冊；由作家出版社一九五六年七月出版的為第二版，印數兩萬三千冊。新文藝版所收十九首詩是：〈我們愛我們的土地〉、〈晨歌〉、〈到遠方去〉、〈在夜晚的公路上〉、〈五月的夜〉、〈她們來到新城〉、〈橋〉、〈我們架設了這條超高壓送電線〉、〈一個製造螺絲釘的工人的話〉、〈在大夥庫水庫工地上〉、〈五一節寄自鞍鋼〉、〈十二個姑娘〉、〈第一汽車廠工地的第二個雨季〉、〈向建築工人致敬〉、〈中國的道路呼喚著汽車〉、〈向北京〉、〈我們有這樣的邊境〉、〈在礦井的底層〉、〈寄給阿爾巴尼亞〉。從它的〈內容提要〉可知:「這本詩集寫作時間從一九五一年到一九五四年」。

作家版則改為三十首,它們是:〈南下〉、〈歌唱,紅色歌手們〉、〈歌唱北京城〉、〈馬車〉、〈進軍喀什城〉、〈歌唱中長路〉、〈娘〉、〈送綠茶〉、〈給朝鮮人民軍〉、〈從邊疆到北京〉、〈致越南人民軍〉、〈郵工歌〉、〈再唱北京城〉、〈我們有這樣的邊境〉、〈到遠方去〉、〈橋〉、〈在夜晚的公路上〉、〈她們來到新城〉、〈晨歌〉、〈五月的夜〉、〈我們架設了這條超高壓送電線〉、〈一個製造螺絲釘的工人的話〉、〈在大夥庫水庫工地上〉、〈五一節寄自鞍鋼〉、〈十二個姑娘〉、〈我們愛我們的土地〉、〈第一汽車廠工地的第二個雨季〉、〈向建築工人致敬〉、〈中國的道路呼喚著汽車〉和〈寄給阿爾巴尼亞〉。

為何有此變動?〈後記〉中有說明:「這本詩集是《歌唱北京城》和《到遠方去》兩書的合集。付印以前抽去了七首,補進了三首。」查兩書目錄,可知從《歌唱北京城》中抽出了〈收果實〉、〈山裏紅〉、〈送參空軍〉、〈慰問信〉和〈祖國保衛者〉;從〈到遠方去〉抽出的是:〈向北京〉和〈在礦井的底層〉,整七首。增補的三首是:〈南下〉、〈歌唱,紅色歌手們〉和〈送綠茶〉。有此變動,兩書頁碼也相差懸殊,新文藝版僅有五十頁,作家版則厚到一百多頁。

《八月的營火》,一九五六年一月由少年兒童出版社出版,印數十萬冊。它只收五首詩:〈毛主席開的甜水井〉、〈從我家視窗看見什麼〉、〈八月的營火〉、〈乞巧〉和〈幸福的道路〉。〈內容提要〉說:「〈毛主席開的甜水井〉是通過一口井的故事,寫江西老紅區的孩子對毛主席的熱愛。這首詩曾經獲得四年來全國兒童文藝創作評獎的二等獎。」因此很「適合高年級兒童閱讀」。它開本近似方形,由王白水繪圖,馬如瑾裝幀。

《給同志們》一九五六年三月由作家出版社出版，印數一萬八千冊。它共收入十七首詩：〈茶〉、〈致長江〉、〈南京路〉、〈母親〉、〈我們的鑽探船轟隆轟隆響〉、〈內地來信〉、〈致黃河〉、〈有一天我們會想起〉、〈願望〉、〈青春進行曲〉、〈大雪瓢瓢〉、〈第一句話〉、〈多蓋些工廠，少蓋些禮堂〉、〈給同志（一）〉、〈給同志（二）〉、〈就在同一個時間〉和〈你問過為什麼嗎？〉。

在《後記》中，邵先生對它的編選，做了簡單介紹：「這本詩集的寫作時間，是從一九五四年年底到一九五五年底。在這以前寫的一些詩已經分別編入詩集《歌唱北京城》、《到遠方去》，《八月的營火》，就沒有再收進來。我是在業餘學習寫詩的。我所從事的新聞工作，使我必須面對著當前的迫切的主題。」因此，他還說：「希望你們對這些詩提出意見；因為它們是我的，也是你們的，親愛的讀者！」它和《歌唱北京城》、《到遠方去》一樣，也是三十二開本。

一九五七年六月，《蘆管》由少年兒童出版社出版。〈星星〉、〈蘆管〉、〈小扒犁之歌〉、〈狂歡之夜〉、〈我有三件大心事〉、〈兒童鉄路進行曲〉、〈家鄉旅行歌〉、〈雲〉、〈忘記的和難忘的〉、〈不是幻想〉，是它所收入的十首詩。它印數僅七千冊，〈內容提要〉也非常簡潔：「這十首短詩，有的是寫孩子們的理想，有的是寫孩子們的友誼⋯⋯輕鬆活潑，幻想豐富，適於中年級的孩子閱讀。」它開本與《八月的營火》一樣，由朱延齡、鄭國英繪圖，朱延齡裝幀。

這五部詩集所收作品，在一九九四年出版的《邵燕祥詩選》中，僅保留了幾首。而邵先生最為滿意的只有一首，它就是《到遠方去》。

林斤瀾先生的第一本書《布穀》

林斤瀾先生是當代小說大師，因他創作成績卓著，被授於了終身創作成就獎。但他卻是憑劇本創作走進的文壇大門，話劇《祖國在召喚》就是他的處女作；《布穀》則是他出版的第一本書，它是收有五個話劇劇本的專集。

《布穀》一九五七年十一月由中國青年出版社出版，首印三千二百冊，售價三角六分。它收有的五個劇本是：《布穀》、《螺絲釘》、《落花生》、《番茄》和《梁家父子》；前四個均為獨幕，後一個是多幕劇。五劇之中，《布穀》、《落花生》和《梁家父子》，寫的都是農村生活，也均以農業合作社為主要內容；《螺絲釘》描寫了一個名叫羅士金的技術員，因自私致使戀愛遭受到嚴重考驗；《番茄》則是寫商店經理宋立元在愛人的幫助下，認識了弄虛作假的危害而要痛改前非。劇中人物個個豐滿生動，台詞句句鮮活有味，生活氣息濃郁純樸，表現了他對話劇創作的藝術追求，也顯現了他在話劇藝術上的深厚功底。

一般來說，一個作家的筆名和對第一本書的命名，都有其特殊的含義。《祖國在召喚》署名林傑，表達了林斤瀾對兒時生活和故鄉溫州的眷戀之情；而他將第一本書名之為《布穀》，則是為獨生女布穀的出生所作紀念。程紹國在《林斤瀾說》一書中，就有兩處筆墨提到此事。一處是：「同年女兒出生，取名布穀。獨幕劇《布穀》在前，獨生女布穀在後。」另一處是：「林斤瀾又說：『友梅的』

生女說是記憶錯誤，把時間記錯了。『鳴放』時間要早，在一九五七年春天至五月初，這時我女兒布穀還沒有出生。我女兒是六月八日出生的，而六月八日這一天《人民日報》正好發表毛澤東撰寫的社論〈這是為什麼？〉，開始了反右。鄧友梅把我女兒出生的『反右日』，錯成了『鳴放日』。我逃過了一劫，與我女兒出生也沒有關係。」這是程紹國代他用《林斤瀾與右派擦肩而過》，來對「生女說」所作的正誤，也是為《布穀》一書取名所作的認可。

林斤瀾愛女布穀在此年六月八日出生，而《布穀》在十一月出版，這就讓「獨幕劇《布穀》在前，獨生女布穀在後」之說，有點莫明其妙了。其實這裏還應加一條注釋：《布穀》一九五六年發表在《北京文藝》一月號，此為「在前」的本義，與《布穀》出版日期無關。然而《布穀》發表時原名《借支》，收入《布穀》一書時才作改定，由此可見林斤瀾將它易名《布穀》，實屬是愛女出生才突發的靈感，於是才有了比《借支》靈秀百倍的《布穀》。而幸虧《林斤瀾與右派擦肩而過》，否則《布穀》一書就將胎死腹中，也就再不會有他以後的《春雷》、《飛筐》和《山裏紅》了。從這個角度來說，「生女說」也有它的一定道理。作了父親，肩上有了更大責任，他才以沈默來應對別人所設下的圈套。否則，他也許就無有擦肩而過的僥倖了。

《布穀》原名《借支》，名字純屬寫實，此為他創作就事論事的初級階段。它描寫北方一個剛成立不久的農業合作社，因受人蠱惑，一些不明真相的社員要「借支」，以避免自己的錢財遭受損失。經過社長、會計等人的積極工作，最後揭穿謠言，讓受騙群眾瞭解了事實真相，這才將借支糾紛圓滿化解。全劇由「聽聽，你們聽聽。布穀鳥叫的多歡」開始，到「別著急，你聽聽布穀鳥叫，也許就有了」落幕，全劇由布穀叫聲貫穿始終，充滿了詩情畫意，也寓意著美好與希望。將它易名《布穀》，實為藝術的昇華，品位的飛躍，由寫實提升為靈秀，跨越了一個臺階。因此可以說，林斤瀾以《布穀》為書名，除對愛女出生予以慶賀，也是為有此昇華所作紀念。得女出書，再加上《人民文學》發表了他的成名作《臺灣姑娘》，一九五七年就成了他文學之旅的可圈可點之年。

《林斤瀾說》是林斤瀾的一本別樣傳記，也是林斤瀾「粉絲」的必讀之書。讀它才知林斤瀾的處女作是劇本不是小說，也知《布穀》是他的第一本書。而有幸得到《布穀》，才發現書中沒有那「第一個劇本」。記得一篇文章說他的處女作是《祖國在召喚》，經查證，這才知道他有個筆名叫林傑。再讀《林斤瀾說》中〈百里喜事〉，其中「外公便把林斤瀾當作他的親孫，林斤瀾改名魯林傑——在溫州，他的同學至今還都叫他林傑」，對他用林傑作筆名的原委就更加明瞭。如無這順藤摸瓜，對林斤瀾文學之旅中的早期經歷，也就不可能了解的這麼詳細，對他劇本創作上所取得的成就，也就將是一知半解。看來，對自己心儀的作家，讀藏都應從他的處女作和第一本書入手。雖然這樣的書很難得也很昂貴，但卻非常值得。如無《布穀》，就不可能知道林斤瀾還有一個名為林傑的筆名。

因為林斤瀾小說創作成就太大了，再加上他後來對話劇創作「金盆洗手」，人們對他在話劇創作上成就就有點忽略不計。《布穀》已出版五十多年，它的印數又少，現在已是難得一見。因此才很少有人提及，當然也就不用說細加品讀了。林斤瀾的文學之旅是從話劇創作開始的，要瞭解和研究林斤瀾的創作生涯，也應從《布穀》起步，這不僅能夠對他有全面詳細的瞭解，還能夠讀出一個原汁原味的林斤瀾來。

《百年記憶》與林希

讓《百年記憶》吊起一睹為快的胃口，是因為我想弄清楚林希先生筆名的來歷。查《中國作家大辭典》有關他的條目，可見如下介紹：「林希：原名侯紅鵝，天津人，一九五二年天津師範學院畢業，歷任唐山開灤煤礦林西礦工人學校教師，天津《新港》編輯，作協天津分會專業創作員，一九五一年開始發表作品……」就因為他曾與唐山有過一段任教因緣，做為唐山書迷就對他多了一點親近感。再加上又有好奇心，凡事都想刨根問底，對他的處女作發表在何處、是何篇名也就想知其一二。但查找多年卻始終未能如願，就想憑它來破解這個謎團。

想破解這個謎團，還因為發現名為林希的作者還非止他一人。有一天閒翻《東北文藝》，在第四卷第三期見到一篇文章，題目是〈評《一夜》的主人公〉，作者署名也是林希。此期的出版日期為一九五一年十月一日，與他在一九五一年開始發表作品的介紹正好相符。於是就像發現了新大陸，有說不出的驚喜，還有了想寫篇〈林希處女作〉的衝動。但在準備材料時，又覺得此林希非彼林希，怕會鬧出笑話，就未敢輕意動筆。

為什麼又不敢動筆了？再查舊期刊時發現他有許多作品都署了本名，而且這些作品發表的時間還都在「反胡風」之前，好像與使用筆名林希的作品有一個時間分界線：在此之前署本名，在此之後用筆名，而且還界線分明，互不混淆。這是為什麼？就說這篇題為〈人——祖國的財富〉的小說吧，它發表在一九五五年第一期《河北文藝》，就署名侯紅鵝。小說寫的是開灤礦工捨生忘死的救助精神，正是他在林西礦任教時才可以寫出的作品。這個分界線如果是在此之後，那此林希就可能另有其人。何況作家筆名重名的也不少，如鬧出個張冠李戴來，那可就是對他的失敬了。心裏有此疑問，後來又知道《百年記憶》是他的自傳體回憶錄，就想從這裏找出確切的答案。

答案還就在此書之中。在〈親近文學〉一節裏，他講述處女作發表的來龍去脈：「也是蒼天不負，就在我頑強寫作，死皮賴臉投稿的感召下，一九五〇年十月，《天津日報》副刊發表了我的第一篇文章。這篇文章的題目叫〈祖國，我願為您奉獻一切〉，大約二千字。」在西方，有人說總統是靠不住的，在我們這裏，看來一些工具書也是如此。手頭這本一九九三年出版的《中國作家大辭典》，它與林希所說，這篇處女作發表時間就晚了一年。如果有人照此引用，也就是以訛傳訛。看來凡事確實應該多問幾個為什麼，否則就會鬧笑話。

說到他筆名林希的來歷，那卻是他的無奈之舉。在一九五六年《新港》創刊之初，他這個最小的「胡風分子」因「落實政策」，被分配到《新港》任編輯：「這時就遇到一個問題，那個已經被全社會公認為是『胡風分子』的侯紅鵝，怎麼有資格和作家們打交道呢？一位革命作家找到編輯部來，而出來和他談話卻是一個『胡風分子』，這於情理上有點說不通。一天下午，說是方紀說了，侯紅鵝最好換一個名字，這樣對工作有利。方紀的想法轉告給我，我立即說，那就改名字叫林希吧。我怎麼會改叫這個名字了呢？因為我曾經在開灤的林西礦工作過，一時也想不出什麼好名字，就以地名取名吧。這樣，林希兩個字，就伴隨我過了後來的一生。」因林西而有林希，一字之改，記錄了他兩段人生經歷。酸甜苦辣寫人生，

《百年記憶》是他酸甜苦辣的記憶，也是新中國三十年風風雨雨的真實寫照。

新中國三十年的風風雨雨，對他來說卻是苦多甜少。一九五六年七月十五日《新港》創刊號出版發行，其中就有他一篇雜文署名為林希。這是他開始用這個筆名發表作品的第一篇文章，此後，林希就在《星星》等報刊上頻頻亮相。然而好景不長，「反右」中又讓他在劫難逃，從此也就開始了長達二十多年的非人生活。說起這段苦難，難以想像，更令人髮指。讀時就讓我心驚肉動，也就可知他是怎樣的度日如年了。「字字看來皆是血」，《紅樓夢》中這句詩，正是他二十五年苦難之旅的真實寫照；「三十萬言三十年」，聶紺弩這句詩，也正可用來作《百年記憶》的最佳評判。

好在他大難不死，二十多年的苦難之旅也走到了終點，又開始了在寫作之旅上的拼博：「雖然此時我已經四十五歲，復蘇的激情燃燒起我的生命，我開始寫作，一連多少年，我沒有休息日，沒有節日，連春節除夕，我都工作到傍晚，倒不是我要成就什麼，只是強烈的創作衝動使我不得安靜。也算是蒼天不負有心人，一口氣，我寫了上千萬字的小說，發表出版後也得到讀者的喜愛。」這就是小說《愛‧恨‧仇》，還有獲獎詩集《無名河》等初期作品。後來他來了個「中年變法」，也就有了被譽為津味小說的《相士無非子》、《高賣》和《蛐蛐六爺》等作品的連連問世。這些津味小說，讓人驚豔更讓人刮目相看。用他的話說，真是「生命也開放出花朵」。

但《百年記憶》寫到改革開放就戛然而止，好像是他「不忘歷史，才有明天」的使命已經完成。是的，有此，「人們，願我們永遠相親相愛！」只是總還有點意猶未盡之感。那麼，它是否還有改革開放三十年的續集，或者是他正在寫也正要出版？它又將涉及哪些滄桑巨變，給人們的警策又是什麼？做為他的「粉絲」，當然就希望能早點來一飽眼福了。

《果戈里是怎樣寫作的》版本談

《果戈里是怎樣寫作的》，蘇聯作家魏列薩耶夫著，它在中國有兩個譯本：孟十環譯本和藍英年譯本。孟譯本出版於民國年間，藍譯本則出出版於改革開放之後。這裏只談藍譯本。

藍譯本《果戈里是怎樣寫作的》，一九八〇年八月由天津人民出版社出版，首印一萬一千冊；一九八二年四月發行第二版，印數已累計為二萬七千五百冊。它為三十二開本，字數不足十萬，全書僅一百一十頁，是名符其實的一本小書。

說到為何翻譯這本小書，藍先生在〈前言〉中寫道：「魯迅先生曾建議有志於文學創作的青年，不僅應從大作家已完成的作品中學習『應該這麼寫』，還應該從他們未完成的作品中學習『不應該那麼寫』。」「魯迅先生還在一封信裏建議將這本書譯成中文」，他就是為完成魯迅先生的這個遺願，也是為「弄清我不清楚的事」，才立志要重譯這本書。

「弄清我不清楚的事」，是藍先生的座右銘。有志之人立長志，無志之人長立志。他在十六歲時讀了《果戈里是怎樣寫作的》，就立下了要弄清書中未表達清楚地方的長志。原來在孟譯本的第一頁，寫有這樣一段話：「……在蒼白的，甲狀腺腫的萎縮的幻想上面，果戈里走過了他的一生……」。這「甲狀腺腫的萎縮的幻想」是怎樣的一種幻想？還有，在《死靈魂》裏，一些人物明明是面自可憎的地主，為什麼譯作為英雄？這些謎團都讓他百思不解，而越不能解就越想解，越想解也就對果戈里越感興趣。這才讓他立下要「弄清」的長志。

天遂人願，上大學時他正巧被分到俄語系。精通了俄語，才知道人物與英雄本是一詞，這才明白地主為何誤譯為了英雄，也就更堅定了他要讀俄文原著，來弄清那些謎團。然而此書難得，直到他有幸與戈寶權先生相識，這才如願以償。他讀完原著後發現書中確實有許多誤譯和刪掉的地方，這才決定將它重譯，讓讀者受益。書稿譯完後也很快出版，從此藍譯本也就取代了孟譯本。

如果藍譯本與孟譯本相比，它的長處是什麼？這只要將「……在蒼白的，甲狀腺腫的萎縮的幻想上面，果戈里走過了他的一生」，與「他像一個蒼白孱弱的幽靈似的度過自己的一生」作一對比，就可知它們「信、達、雅」的水平了。藍譯本能夠勝出，並且能一版再版，就是他的譯本已達「信、達、雅」。

此書出版後，他就開始了翻譯生涯，《日瓦格醫生》就是他與別人合譯的一部長篇小說，也是最受歡迎的譯本。退休之後，他在幾家讀書雜誌上開了專欄，《尋墓者說》、《冷月葬詩魂》等書也相繼出版。不讀藍英年，就不能算真正懂得俄羅斯文學，也已成為學人們的共識。而他那本《果戈里是怎樣寫作的》，也納入了遼寧教育出版社《新世紀萬有文庫》叢書的出版計畫。

遼教版《果戈里是怎樣寫作的》，一九九三年三月出版，印數一萬。它與天津版相比，開本一樣，字數相同；除封面裝幀和插頁做了改動，最大的變化是將〈前言〉改為〈魯迅先生的遺願〉，還多出了近千字。這多出的文字，除補寫了魯迅寫給友人書信的原文，還補寫了他第一次讀到這本書的深刻印象，以及從疑惑到翻譯的「果戈里情結」。一本書的序跋，就是解讀它的鑰匙，尤其是出自作者之手的序跋，更是如此。讀書當先讀序跋，信然。

十年一瞬，二〇〇六年十一月，臺灣網路與書出版社又將它用繁體字出版。它為大三十二開本，無印數，但從它近一百七十頁的厚度，就可知它增加了許多內容。這新增的文字主要是注釋。另外，它還將十節自然段改為了十章，正文前加了果戈里的畫像，但大陸版的插頁卻未保留。不算天津連續再版五次的數量，僅以出版社計，它已有三家出版社的三種版本，由此也可見它是如何受歡迎。在〈魯迅先生的遺願〉中，有這樣一段話：「魯迅先生還在一封信裏建議將這本書譯成中文」，因為它「是大有益處的」。現在，又有千千萬萬個臺灣的讀者能從中受益，他現在才可以說是已完成了魯迅先生的遺願。

它的第四個版本收在《回憶果戈里》一書，是它的壓卷之作。今年是果戈里誕辰二百周年紀念日，此書就是為紀念這位俄羅斯大作家所出的紀念集，也是由他翻譯的果戈里研究資料彙編集。收入此書的《果戈里是怎樣寫作的》與台版相比，它除將每一章的注釋都移到最後，那就是將十個段落的排序都去了「章」字，又恢復了原貌。但它算不算另一個版本呢？只能由版本學專家來下結論了。

不管它的版本是三個還是四個，這都說明了這樣一個問題：對於一本書來說，它的版本和印次的多與少，主要因素取決於它的內容，與它的厚薄並無關係，也與它的出版時間毫無關係。換句話說，版本是那些常讀常新之書才有的「專利」，它與平庸的、粗製濫造的所謂出版物毫無關係。這樣的書哪怕厚如磚頭，或者裝金燙銀，也都是方生即死的垃圾。「滾滾長江東逝水，浪淘盡英雄」，在書海之中，優勝劣汰更是殘酷無情。藍譯本《果戈里是怎樣寫作的》雖然是一本小書，就因為它常讀常新，隨著時光的流逝，它還會有更多的新版本，讓更多的讀者受益。

季羡林早期的小說譯作

季羡林老被當今文化界和學術界譽為「國學大師」與「學界泰斗」，還被尊稱為「國寶」。他著作等身，對此三項殊榮，應是當之無愧。他的文學作品多為散文，沒寫過小說。這是為什麼呢？究其原因，用他的話來說，是因為「我不願意寫小說，因為我厭惡虛構的東西。（見《研究，創作與翻譯並舉》）」但不願寫他卻愛看，《儒林外史》和《紅樓夢》就列入他最愛讀的書目中；不願寫但又是從翻譯小說開始起步，開創了他翻譯著作的輝煌，《安娜・西格斯短篇小說集》就是他早期的小說譯作。

《安娜・西格斯短篇小說集》一九五五年七月由作家出版社出版，首印一萬六千冊。它的作者安娜・西格斯是德國著名的女作家，有長篇小說《死者青春長在》和多種短篇小說集出版。她一九五一年曾被授予一等國家獎金，同年還榮獲了「加強國際和平」史達林國際獎金。季老早年留學德國，他熱愛和平，痛恨法西斯，小說翻譯首選擇安娜・西格斯的作品，也是順理成章的事情。

說起當年翻譯小說，季老稱這也是「完全出於無奈」。他是一個閒不住的人。除了做好他的本職工作，在業餘時間，「我必須找點工作幹，我指的是寫作工作。寫散文，我沒有那麼多真情實感要抒發。我主張散文是不能虛構的，不能講假話的。硬往外擠，賣弄一些花裏胡哨的辭藻，我自謂不是辦不到，而是恥於那樣做。想來想去，眼前只有一條路，就是搞翻譯。我從德國的安娜・西格斯的短篇小說譯起，一直擴大到梵文和巴厘文作品。（見《研究，創作與翻譯並舉》）」這就是他著手翻譯她小說的緣起，也由此一發而不可收。就是在「文革」中，還「偷偷摸摸」地翻譯印度長篇史詩《羅摩衍那》。在北大校園，他每天四點起床後就開始研究和寫作，因此被譽為「北大一盞燈」。

《安娜‧西格斯短篇小說集》共收有五篇小說，其中前三篇為季老所譯。這三篇小說分別是：〈怠工的人們〉、〈珂莉散塔〉和〈未路〉，後兩篇是他人的譯作。此書原計畫只有前三篇作品，這在作者為此書所寫的〈代序〉已經說得非常清楚：「親愛的中國朋友們！在這裏，季羨林把我用我的語言寫我的三個故事，用你們的語言說給你們。」為此，編者還在〈代序〉中加了一條說明的注釋。如果說這是此書的一個特殊之處，它的封面設計就顯得與眾不同，也讓人刮目相看。封面除了在上方三分之二是作者的肖像，下方三分之一就是書名，卻沒有為譯者署名留一點地盤。那譯者的名字呢？它只在扉頁上佔據了一塊很小的地方。這種只突出著者不突出譯者的封面設計，是否是出於季老的要求，還無材料可以證實。但這非常符合他的意願，卻可確定無疑，這有他的文章為證。

關於翻譯和有關翻譯的問題，他在〈談翻譯〉一文中有詳細的論述。在此文第二節〈著者與譯者〉中，他就是著者與譯者孰重孰輕的問題，坦言己見：「著者和譯者究竟誰用的力量多呢？不用思索就可以回答，當然是著者。所以在歐州有許多譯本封面上只寫著者的姓名，譯者的姓名只用很小的字印在反面，費許多力量才能發現。」介紹完人家的做法，接下來筆鋒一轉，他就對國內一些翻譯作品所出現的怪現象提出了嚴厲的批評：「在中國卻又不然。我看到過很多的書，封面上只印著譯者的姓名，兩個或三個大金字倨傲地站在那裏，這幾個字的光輝也許太大了，著者的姓名只好逃到書裏面一個角落裏去躲避。（見《我的人生感悟》第一〇三頁）」除此之外，他還對一些怪人怪事直點其名。此作寫于解放前，解放後他的譯著出版，自然要反其道而行之，也與國際的慣例來接軌。所以，他在〈學術良心或學術道德〉一文中才提出了「學術良心」的問題，並且自豪地說：「我可以無愧於心的說，上面這些大騙或者小騙，我都從來沒幹過，以後也永遠不會幹。(《我的人生感悟》第一一三頁)」對他這擲地有聲的話，《安娜・西格斯短篇小說集》就是一個最好的佐證。有此也就可以理解，他為何請辭「國寶」這三個別人想得也得不到的「封號」。

季老的文筆之美，是世人共知的。他的許多散文名篇，已被廣大讀者所傳誦，有的已成為了經典之作。說到《安娜・西格斯短篇小說集》的譯文之美，此處無須再著筆墨舉例說明，只看他所獲「翻譯文化終身成就獎」這一殊榮，這就是對它的最好說明。在獲獎表彰大會所作的書面發言中，他講了對翻譯工作的理念：「我總認為，翻譯比創作難。創作可以隨心所欲，翻譯卻囿於對既成的不同語言文體和文化轉換。要想做好翻譯，懂外語，會幾個外語單詞，拿本字典翻翻是不行的。必須下真功夫，下大功夫。(見《病榻雜記》第二六七頁)」有了這種理念，用得又是真功夫、大功夫來譯作，不用說，它一定是符合「信、雅、達」的小說集。

《安娜・西格斯短篇小說集》距今已出版五十多年了，做為季老的早期譯作，它的研究價值和收藏價值也就不言而喻。它當年雖說是印數不少，但經過半個多世紀的風風雨雨，誰知它存世還有多少呢。做為季老的一個讀者，能收藏到他一本早期的譯作，是一種緣分，當然要好好的珍藏，這也是對他最好的紀念。

雜文體小說《一億六》

張賢亮的長篇新作《一億六》，是用雜文筆法來講述的荒誕故事。有人斥責它「描述直白，內容露骨，格調低下，粗俗不堪」，這不過是衛道士們不敢正視現實真相的囈語而已。這部講述優異「人種」保衛戰的小說，唯用雜文筆法，才能事半功倍；而唯有雜文家的慧眼與膽識，才敢這麼寫還能寫得如此精彩。

其實，《一億六》書名已具有雜文味。荒誕的情節，離奇的人物，如同《狂人日記》，抓人眼球也可誘人先睹為快。靠收廢爛成為商界鉅子的王草根，他收購一家醫院為的是能傳宗接代，但卻需要借種生子。而優生專家劉主任卻意外發現，有個年輕人竟然擁有高度活躍的一億六千萬個的精子，這在現代社會男人中，簡直就是稀見的優異「人種」，小說主人公因此才被稱之為了「一億六」。他和姐姐等眾多人物，也因此演繹出了這部荒誕不經的故事。而為了使它俗中見真，作者在講述中還穿插了許多妙論，來畫龍點睛。「說我寫得低俗？可是大家正眼看一下，這不就是我們生活的現實嗎？其實我們每一個人都在低俗中穿行，我們就是生活在一個有嚴重低俗化傾向的社會之中。這是我長期以來憂慮的社會問題。」張賢亮此言，正是解讀它的最好鑰匙。

陸姐被人「開處」後，得了一萬元的「勞務費」。在她要寄回家時，老闆方姐卻給她上了一堂當小姐的啟蒙課。「陸姐聽完了方姐的話，第二天早晨給爹爹寄去錢，就時尚地買了支手機。那時一支手機最便宜的也要兩千多塊錢，不像現在這麼普及和便宜。中國移動和聯通的高管大概不會想到，中國的小姐們才是移動通訊最早受益的大客戶；在移動通訊市場中，小姐們占了相當大的購買份額，中國移動和聯通的繁榮，小姐們功不可沒。」現在不論怎樣來看待當年這種繁榮，它都是不爭的事實。而正是有此尷尬，一些人才拼命地衝他潑髒水。

「二百五」在無客可接時，就以看電視來打發無聊，但她卻只看古裝片。這是為什麼？作者有言曰：「與其看不反映現實的所謂『反映現實生活的連續劇』，還不如看與現實毫無關係的古裝片。脫離現實的古裝片令人產生遐想和夢想，反映現實生活的連續劇不但不能使人產生夢想，還讓人看出它與真實的現實有很大差距，漏洞百出。反映現實生活的連續劇不反映現實，古裝連續劇卻貼近群眾，這大概是古裝的連續劇風行的一個原因吧。」他如此來畫龍點睛，衛道士們自然就惡言相向了。

「二百五」是個大字不識的農村姑娘，她尚如此挑剔，也就可知當下一些所謂「反映現實生活的連續劇不反映現實」，已經荒唐到了何種地步；而這又何止於影視作品，文學作品不也被人視為垃圾嗎？有鑒於此，也是出於一個作家的良知，他才發此感慨，同時也是警策自己，讓自己的筆多向草根一族來傾斜。《一億六》好就好在它看似荒誕，卻非常真實，真實到讓粉飾太平的作品無地自容。

在王草根與陶警官就《一億六》借精問題進行協商時，他所表現出的慷慨與大度，更讓作者大發浩歎：「農民企業家王草根早就得出經驗：不管是什麼公文在公權力部門流轉，都需要人民幣這個軲轆，沒有人民幣公文就動不了。貪腐瀆職既制約了民營企業的發展，又是民營企業發展的條件。這個奇怪的社會現象在王草根眼裏已見怪不怪了。」這也是王草根能勝出的重要原因，如此高見，真是一針見血。體制是滋生腐敗的溫床，體制不改，腐敗不止。用書中小老頭的話說：中國有兩大行業最賺錢，一是當官，二是當小姐。為何如此，就因為沒有任何規矩來制約他們。

除了小老頭，書中還有陶警官等眾多人物，都以他們各自的身份直抒胸臆，指點江山，對時下社會進行評點，讓人觸目驚心，但又點讓人頭稱是，是只有在民間才能聽到的真話實話。而這唯有用雜文手法來寫，才能喜怒笑罵、五味雜陳，也才能招招點穴、刀刀見紅。稱張賢亮為小說家中的大手筆，並不為過。

張賢亮當年曾以《男人的一半是女人》、《綠化樹》名震文壇，但也備遭非議。現在《一億六》雖然遭受斥責與漫罵，但它最終也將與《男人的一半是女人》、《綠化樹》一樣，不僅會成為經典，還會給作家們開啟新的創作思路：長篇小說也可當作雜文寫。

《唐山大地震》的中外版本

錢鋼和他的《唐山大地震》，唐山家喻戶曉。如果是那場慘烈的大地震讓世界知道了唐山，那就是這本書讓唐山人記住了錢鋼。是他將「畸形年代的畸形思維和嚴肅科學的嚴肅命題對立而統一，逼真地畫出了一幅屬於唐山也屬於人類的『七・二八』劫難日『全息攝影』圖。（徐懷中語）」從此，才讓這場災難有了真實的紀錄。

《唐山大地震》首發於一九八六年第三期《解放軍文藝》，印數七十萬冊。為隆重推出這幅「全息攝影圖」，封面除標有「錢鋼報告文學新作《唐山大地震》——『七・二八』劫難十年祭」；還在〈編者的話〉中說：「用一期刊物的主要篇幅，為一名作家出作品專輯」，是一個嘗試。而徐懷中的評論〈凝神於北緯四十度線的思考〉，對它的評價是：「有關唐山地震這一重大歷史事件的紀實作品，當年曾有一些，由於種種原因，給予讀者的多是那種『縮小了的災難，放大了的人』的模式化文字。而如此尊重人與事的本體的大型報告文學，《唐山大地震》可以說是第一部。」它因此很快就銷售一空，而那些「模式化文字」則成為災梨禍棗的廢紙。

同年八月，解放軍文藝出版社出版了單行本。它為三十二開本，印數一萬冊，代序就是徐懷中的那篇評論。它與《解放軍文藝》版相比，少了一篇〈妙筆尺幅寫精魂〉評論，多了一篇錢鋼的〈致謝〉、一幅照片和〈作者小傳〉，讓讀者對他有了簡單瞭解。這位出生於浙江一個軍人家庭的《解放軍報》記者，就憑它一躍成為文壇新星。

《唐山大地震》因供不應求，又加印了三萬冊，這是它的第二版。同年四月，濟南又出版了它的第一版，印數兩萬五千冊。它除內容介紹略有改動，還刪去了作者的照片。而他在〈一九九六年修訂版序〉中說：「在一九九六年修訂版出版之前，本書在香港已印行了八版」。香港八版的具體版本和印數，他雖沒加細說，但如果累計起來，也將是一個不小的數字。

香港綠洲出版社的《唐山大地震》，一九八六年八月初版，港幣二十二元，無印數。它與大陸版的不同之處是，刪去了作者的照片和小傳，增加了幾幅震難照片和一篇〈編後記〉：《一本屬於全人類的書》：「錢鋼的這篇報告文學，第一次揭開了埋藏在人們心底達十幾年之久的這場大劫難的『謎』。但作者的視野並不止於大劫難造成的恐怖、淒慘的表層景象，而能進一步透過這突來的災難描寫和洞察複雜的人性，挖掘到人心靈深處秘奧。」那麼，他為何能寫出這部屬於全人類的大書呢？

在《唐山大地震》「三十年紀念版」的〈附錄〉中，有他的一篇〈從唐山大地震到「SARS」〉的講演稿，對此詳細地作了解答：「一九八四年，唐山地震快要十年了，一本雜誌向我約稿，題目是〈一座城市的毀滅和新生〉。」它的立足點，還是歌頌災難，但經過改革開放，「我的內心發生了很大變化。我問自己，我為什麼只能用災難來襯托十年後的成就，而不能直接去寫當時唐山人民所受過的苦難呢？」「終於，經過思想解放運動，我們明白了，『人』是第一位的，我們要用文學去反映人。這好像是一把鑰匙，到我拿到這把鑰匙的時候，我在唐山的日日夜夜，許多難忘的東西，跟泉水一樣噴發出來。」因此說，沒有改革開放，也就沒有他的《唐山大地震》。

「三十年紀念版」的《唐山大地震》，由中國出版社於二〇〇五年五月出版，為大十六開本，也無印數。它除了新增了〈二十一世紀新版序〉，還在〈附錄〉中，增加了〈紀念我的蔣叔叔〉等六篇文章。無有印數也就無法進行統計，但如果把國內海外版全加在一起，印數准是大的驚人。各種暢銷書雖然多得難以計數，但若論版本之多與印數之大上，恐怕就就鮮有能與它比肩者。而它能走出國門，也因為它屬於全人類。

正因為它屬於全人類，錢鋼在書的結尾處，才寫下了他的希望與祝福：「也許，我的一位朋友的想法倒是可取的，人類對大自然的最後『征服』，不在於力的征服，而在於學會與自然的和諧相處。這種和諧相處的前提不是人類的退避，而是以人類認識自然、改造自然的能力空前提高為基礎。總之，這一切，在今天，是幻想，可在明天，它一定會是現實」：「為此，我為明天祝福。為人類而祝福。我為我們雖然有限卻具有永恆意義的星球祝福。」

也讓我們來共同祝福，在地球這個大家園中，千萬別再發生唐山那樣的大地震了；就是不幸發生了，也能將災害減少到最低點，不再那麼慘烈。

青青柳色新

用〈青青柳色新〉為題來談韋泱的新著，他也確是有「無心插柳柳成蔭」之意，但這並不是「有心栽花花不開」。他不僅在詩壇大有名聲，還有連藏專著，證明這是個多面手的才子。只因有了十年前的「移情別戀」，才有了這本《人與書漸已老》，也只能說這是他無心插柳的收穫。

十多年前的一天，他為覓詩蹤，去「紙囚」吳鈞陶先生家造訪。見吳老書藏萬卷，且多為精品，不僅大開眼界，也大受啟發。吳老因病輟學，雖然學歷不高，但他以書為伴，走的是一條「從買書、讀書、藏書，到編書、譯書、寫書」的「紙囚」之路，才有了這非凡的成就。受此啟發，他寫出第一篇題為〈一生甘為「紙囚」〉的書話文章，發表在《書與人》雜誌上，也真稱得上是無心插柳得到的第一個驚喜。有此無心插柳，他就以書為媒，結識了丁景唐老，從此還一發而不可收。「認識韋泱已有十年時間了。十年前，他慕名來看望我，這是我們認識之始。韋泱是詩人，那時在作協詩歌委員會裏還承擔一些工作。他來瞭解我的舊著《星底夢》詩集，在上世紀四十年代寫作與出版方面的一些史料，這是他興趣範圍內的應有之責，我盡我所憶，解答了他所提出的若干問題。」從丁老這篇〈詩友與文友〉的序言中，不僅可以知道他那篇〈一九三八‧從《蜜蜂》開始〉是怎樣寫成的，也可以知道他是如何通過丁老和地利之便，結識了任鈞、羅洪、辛笛和黃裳，以及周退密、楊可揚、徐中玉、黃宗英和王元化這些上海文化耆宿，寫出了有關他們的書話文章；還可以知道他是如何通過他們的「輻射」，又結識了袁鷹、呂劍、梅娘等外地文化耆宿，寫了與他們有關的書話，這才有了他這本集三十八篇書話的《人與書漸已老》。一個老字，可以從中品味它的特色和丰采，也可從中得知作者的苦心與用意。他就是有意識地來從這些文化耆宿嘴中淘寶，以留得在人世間永遠珍藏。因為書再老仍有書脈可尋，而這些人一旦離我們而去，他們肚子裏的那些寶貝，也就移到天堂難以取回了。這只須細品〈一九三八・從《蜜蜂》開始〉，弄清楚了《蜜蜂》和《聯聲》的創辦起始，就可以知它們的分量與價值。這可都是急需搶救的文化史料，而要搶救它們，就得由他這個可讓他們稱之為「小友」的愛書人來完成了。

除了它們的分量與價值，《人與書漸已老》還有一個最大的特點，就是他的「以書帶史」寫作法。他是在用淘得的稀見老書刊，來啟動它們每一位作者那塵封多年的記憶，將他們重新帶回到當年出書編刊的激情歲月中，再讓那一幕幕鮮活的、不為人所知的情景還原出來，然後過濾結晶為這一篇篇耐讀耐品的文字。正因為它們的根都深深地紮在這片沃土中，那每一片綠葉，每一條柳絲，才沒有那些憑空想像和臆測的「蟲傷病斑」，也沒有成為誇大縮小或任意剪裁的「人工盆景」。他用生動鮮活的細節，再現了這些舊書老刊的來龍去脈，也用精彩豐富的筆勾勒出這些文化耆宿的高風亮節。在〈聽束老談《銀錢報》〉中，作者寫道：「當見到編委有束紉秋的名字，被老人一筆勾掉了，連連說搞錯了，我沒有當過編委。這使我深為感佩。此一筆不但糾正了以訛傳訛的一處錯誤，更體現出束老嚴以律己、實事求是的品格。」其實，凡讀至此處，又有誰不為之感動呢？要知道在現如今，一些人甚至不惜以造假、抄襲等手段來幹爭名奪利的勾當，有此好事，哪肯捨得「一筆勾掉」？

這也是作者「以書帶史」的寫作用意，就是意在告誡那些收藏、研讀舊書刊者和我們這些讀者，千萬別忘了他們這種淡泊名利的精神。這種精神應當傳承，應當發揚光大，可不能隨著他們「漸已老」而一去不復返！

其實毋須擔憂，這種精神總會得到傳承，韋泱就是其中的一個。有一篇採訪他的文章，就可見其一斑：「我也收藏了一些新文學著作版本，這些東西現在很熱，收藏的人很多，書跟著越來越貴了，但真正能研究出東西的並不多，這很讓人擔心。現在一批販書的人手裏有書，有好書，但他們都是在囤積奇貨，要價嚇人，真正搞研究的是越來越買不起了，實際上一些書的價值並沒有這麼高，都是炒作出來的，我一般不會去買這種高價書，我只選我有用的，並且是經濟能承受的，因為我們是要用來研究，當作史料或資料用，不是投資。我不是藏書家，不可能花大價錢去買只能用作收藏的書。」從這番談話中，可知他的淘書理由。有時也是無心插柳，但插下了，就讓它根深葉茂，讓人們背靠大樹好乘涼。無心插柳柳成蔭，客舍青青柳色新。景唐老「祝他不懈努力，有第二本、第三本更為精彩的書話集奉獻給讀者」，這也正是我們愛書人的共同心願。

聽高信講那商州人的故事

假煙假酒賈平凹，陳穀陳糠陳忠實，從這則順口溜，就可知道他們是如何的大紅大紫。但三足才能鼎立，再加上一個高信，陝軍才更完美。其實他的文名與著作也早已有口皆碑，無奈他就像農民工，埋頭勞作不事張揚，站在貌似熱鬧實則虛浮的名利場之外，文章照樣寫，書也照出，還「庚信文章老更成」。《書房寫意》和《商州故人》，就是他新出的兩本書。

暫且不提《書房寫意》，這是因為寫書話搞魯研是他的強項。他的書話「高信四語」已百元難求，說多了還會有審美疲勞；更重要一點，寫商州是賈平凹的拿手好戲，那三本商州書錄，在當年都曾紅極一時。有人家的商州在，他還來班門弄斧，如無點絕活，恐怕不敢如此張狂。雖然是老要張狂少要穩，但「眼前有景道不得，崔灝題詩在上頭」，李白尚知退避三舍，他如何敢迎難而上？只憑此一點，就當先睹為快，看看他如何以學者之筆，來寫《商州故人》。

《商州故人》開篇，先說〈木匠劉爺〉的故事。這劉爺雖然大字不識，在四鄉八村卻是個名人。也甭誇他的手藝有多好，就那與與眾不同的怪型髮式，現如今時尚小青年就得甘拜下風。「後來才知道，這髮式是清末男子髮式的遺存，是長辮子剪掉後的殘留物。」髮式古怪，脾氣更古怪，他在家中至尊至聖。那年丹江發水沖塌了院牆，老婆為安全計，勸他趕緊修起來。那知話音未落，一個耳光就掄了過去：「家裏事，自有人做主，哪有女人家說話的道理？」但他脾氣再古怪，也經受不了饑俄的折騰，一個鐵打的漢子，說到餓死的老伴，竟然「聲聲嚎叫，淚飛如雨。」而更為可憐的是，他為別人做了無數的棺木，死後窮得只能以一個破木櫃入葬，也驗證了那句「織席的睡土炕」的老話，並沒過時。「倔強了一輩子的劉爺，爭不了這口氣啊！」如此結尾，讓人浩歎，讓人思索，也讓人追問：他為何爭不了這口氣？

一句話可以作答：他是個草民，用現在的時尚名詞，就是「草根階層」。作者高信也屬於這個階層，他才要代父老鄉親立傳，將「他們的音容、笑貌、言談、舉止、努力、奮鬥、挫折、失意、知足、渴望」一一勾畫出來，以折射出一個時代的面影。什麼階級說什麼話，在他看來，這些沒有文化、臉朝黃土背朝天的莊稼人，才是「中國的脊樑」。他要用如花妙筆細加描畫，讓他們也能像商州四皓那樣，被人傳頌，受到敬重，留於青史。

在商州可稱「草民四皓」的人物，他父親李永興當推為首位。這位〈商州扁擔客〉，因性子硬，不願意當「相公」伺候人，才「靠下苦吃飯，誰的眉高眼低，一概不看。」扁擔客靠一付肩膀兩條腿，將山裏土特產挑出去，再將生活物品擔回來，憑力氣養活了一家老小，也憑誠信掙得了好名聲。商州客的尊稱，就是因扁擔客而得，這是他們厚道與仗義的回報。有一次，搭幫的同伴累倒了，他就挑著二百斤重的毛鐵返回十里路，找到了這個人，又分擔一半，硬是挑著三百斤的重擔按期交了貨。因傷了力，他也累倒了，但卻因此掙得了信譽與名聲。在對待聲譽上，有時小草民倒是比大人物還看得重、做得好、也能堅守一生，這也是中華民族得以延續和立足的重要原因。

在《花牌樓、還立著》中，他講了父親另一個講誠信的故事。一九五二年，商州要建烈士陵園，主管科長想將漂亮的花牌樓移遷為門臉，來個「廢物利用」。但因技術難度太大無人敢承攬這工程，就來找他父親。他父親結交廣，朋友多，辦事又認真，決不會弄出個豆腐渣來連累朋友。還真是不含糊，父親馬上寫信給當年曾救助過的一位建築師，攬下了工程。然而讓科長意想不不到的是，這個李永興還要簽字畫押：即要以中間人的身份，來承擔他不必承擔的風險。而正是他承擔了這份責任，在完工後發現一小木構件未安裝，硬是查了兩天才找到暇疵，讓它成為完美工程。半個多世紀過去，還立著的花牌樓，矗立著的還有李永興那高大身影和「講死理」的精神。而父親的這種血脈已流進兒子的血管，那筆下流出文字，才無絲毫奴顏與媚骨。

在商州可入「草根四皓」的人物，還有《靜泉山魂》松山爺、《胡家班》的吹鼓手和《李家轎夫》兄弟。他們處世的心態、驚人的技藝、為人的真誠，叫人感慨和浩歎，也叫人扼腕和唏噓。松山爺在土改中本不該劃為地主，為完成指標，「也不忍這些本家人受罪」，就認戴了這頂帽子。但鄉親從不把他地主看待，不但在「文革」中受到保護，死後還倍受哀榮。《胡家班》的吹鼓手職業雖不高貴，但他們「絕不自輕自賤」。解放前縣長葬老太爺，要「胡家班」也披麻帶孝，工錢還多一半。那知胡大叔一句「從來無此禮數」，轉身走人：「靠賣藝吃飯，尊嚴人格，萬金不賣！」然而在為守寡終生的抗日烈屬張劉氏送葬時，不僅分文不取，還自願為她披麻帶孝。出殯那天，「也個個清涕熱淚交相流淌，樂曲幾自失聲」。而《李家轎夫》兄弟，在營救了「游擊隊司令」卻受到不公正的待遇後，依然坦然面對：「有病人，不抬說不過去嘛！」遺傳著父輩的俠肝義膽，表現了男兒的坦誠豪邁。

商州男兒如此，女子也巾幗不讓鬚眉。《蠻婆婆》在丹江決口之時，冒雨敲盆喊醒了熟睡的鄉親，又勇救老奶奶的那股蠻勁；面對保警隊的威逼利誘，「到頭來，終是堅不吐實」的鎮靜，真是「勝過一般男人」。還有《狼咬兒》秀秀的倔強、《壓面的南大嬸》的友善，以及《淑芳》和《桂芳》的命運，都寫得哀而不傷、悲而不怨，表現了他們「窮且益堅」的心胸，也體現出作者遠離惡人惡聲的美學追求。

賈平凹先生生在靜虛村，高信先生長在靜泉村，村風不同，家境各異。若以兩個商州而論，正是環境造化人，一個崇虛，一個尚清。前者以纖秀為美，後者以豪壯取勝；一陰柔一陽剛，各有各的風彩，恰如兩峰並立，雙水分流，讓商州山水更加秀美可人，使商州客更為風流倜儻。他們真是好福氣，有這兩位作家來為他們寫書作傳，讓人傳頌，青史流芳。

聽完商州人的故事，還想聽高信先生講西安人的故事，聽他講自已的故事。「散文其實也是作者的自傳，寫自己想寫的人物，作者自然很難隱而不露。」有此夫子自道，就知道他如何能生產這麼多營養豐富的「蛋」，還不咯咯地亂叫著來炒作。

「詩壇常青樹」的第一本詩集

李瑛從一九四二年在唐山讀中學時，就開始了他的創作生涯，並從那裏走向廣闊世界。他六十多年來筆耕不輟，已出版五十多部詩集和詩論集，被譽為「詩壇常青樹」。解放前他曾與人合作出版過一冊詩集《石城的青苗》，考入北大後，在寫作上曾聆聽過沈從文、馮至的教誨。《野戰詩集》是他離校隨軍南下的戰鬥實錄，一九五一年八月由武漢人民藝術出版社編輯、上雜出版社出版，為《人民藝術叢刊》中的一種。這是他在開國之初所出版的第一本個人詩集，它才是他真正的第一本詩集。

《野戰詩集》共收錄詩作三十三篇，是他從一九四九年七月至一九五〇年九月的精選詩作。詩集用野戰二字來命名，是因這些詩都是在他行軍途中得到的創作靈感，篇篇都帶有戰場上的硝煙。〈號聲〉、〈山地演習〉和〈炮連戰士談愛馬〉等五首分別寫於一九四九年七月間的贛西；〈睡著的戰士〉、〈戰鬥的夥伴〉和〈歷史的守衛者〉，則是他九月間轉戰到贛南的作品了。到了十月，他轉戰於粵北、粵中的之間，又在戰鬥的空隙間分別寫下了〈一個戰地醫院的夜晚〉、〈在前線指揮所裏〉和〈我們的戰士受傷了〉。到了年底，行軍至桂中，就有了他新的收穫，寫出了長詩〈血衣——紀念一位英雄排長〉，此後才駐守在武漢，又寫了八首詩，來記錄這一期間的生活。現在賞讀它們，依然還可以從中品味出「雄關漫道真如鐵，而今邁步從頭越」的艱苦與歡樂；而它們唯有用「野戰」來命名，才能表達他那種「創業艱難百戰多」的戰鬥精神。

寫於武漢的八首詩，在《野戰詩集》中雖無屢戰屢寫的艱難，但也有著難以想像的困苦。關於這段軍旅生涯，他的愛女李小雨曾有文章作了如下記述：「解放武漢時，他奉命帶領十七八條大木帆船，沿漢水到襄樊緊急採購軍糧。沿途土匪出沒，暗打黑槍，保長、甲長公開阻止群眾賣糧，而群眾也疑慮重重。他們人生地不熟，最恐怖的是聽見槍響卻無法斷定誰是暗藏的敵人。於是，他們白天做群眾工作，買糧食；天黑了，怕敵人半夜摸上來，就每晚換船睡。」〈糧食〉、〈是怎樣一個夜晚〉、〈海岸線上〉和〈我們的旗〉等八首詩，就是他這段「血雨腥風應有涯」生活的真實寫照。

半個多世紀後，他寫了一首題為〈成熟〉的詩，為「六十載已鋪在身後」，「對於我，卻是從黑髮到白髮的長度和距離」做了一個「成熟」的總結。但是，「現在，戰爭離許多人已經很遠，但離戰士很近。」則表明他依然在整裝待發，有隨時準備揮戈上陣的豪邁氣概。此詩被入選《中國年度詩歌》二〇〇五年卷，再一次證明著他寶刀不老，詩心永在，不愧為是一顆「詩壇常青樹」。

果然，當汶川大地震發生後，他立即以筆為槍，投身於這場感天地、泣鬼神的救災之中。他夜不能寐，揮筆寫出了組詩《我有一個強大的祖國》，獻出了他一個老兵的拳拳之心。他那激動人心的詩句，就像當年在行軍途中在為戰士加油鼓勁那樣雄壯有力；他的萬丈豪情，彷彿又在奮筆疾書寫的《野戰詩集》的續篇。為此，他在〈題記〉中寫道：「唐山是我的老家，一九七六年大地震後三天，曾前往採訪，大悲中難以下筆；一九九六年地震二十周年時，寫了一首五百行的長詩〈尋找一座城市〉，發表在當年七月二十七日的《光明日報》上。如今，四川汶川又發生了大地震，其慘烈程度甚至超過了唐山，連日來夜不能寐，悱惻不去，難以抑制，書此，以寄哀思。」這首組詩發表在《詩刊》「抗災專號」的頭版頭條，讓人們再一次領略到他「詩壇常青樹」的丰采。

若問：他這棵「詩壇常青樹」，為何能如此郁郁蔥蔥？在詩集《我驕傲，我是一棵樹》中，他早已做了回答；現在，他又作了這樣的坦露：「一個作家應該懷有崇高的理想，一個詩人，應該時刻關心時代的變化。在我五十多年的創作中，我寫過各種類型的詩，但寫得最多的還是這類政治抒情詩。著名詩人艾略特曾說過，詩人表達自己的感情，就是在寫他所處的那個時代。我覺得，真正偉大的作品，應該與時代、人民群眾的脈搏是相通的。」他不會「編詩」、「編故事」，只是記錄了自己看到的、內心中永遠忘不了的東西。正因為他把自己也放到了詩裏面，用真情、說了自己內心的真實感受，所以他的詩作總是那麼膾炙人口，感人肺腑。而這就如同他寫《野戰詩集》中每一首詩時那樣，還依然還保持著戰士的胸懷和必勝的信念。

他的這種胸懷和信念，也同樣表現在對家鄉的熱愛上。不事張揚，一向保持低調的他，為不忘家鄉養育之恩，為彰顯家鄉人在支援汶川大地震中那種感恩精神，他在家鄉舉辦了一次個人詩歌朗誦會。十幾位來自唐山市朗誦學會的專業播音員和豐潤區的朗誦愛好者，朗誦了他創作於不同年代、不同題材的二十首代表作。讓我遺憾的是，那時如有《野戰詩集》在手，一定會從中精選出一首來高聲朗誦。讓家鄉人從這首詩中，知道他當年是經歷了怎樣的野戰洗禮，才成長為一棵「詩壇常青樹」。

《野戰詩集》印數只有三千冊，應當是他眾多詩集中印數最少的一種，也就異常珍貴。做為他的老鄉，能收藏到他的第一本詩集，真是備感榮幸，也讓家鄉人頗為自豪。他是從我們唐山走出去的詩人，這本《野戰詩集》，也應當在唐山永遠「常青」。

醒世文章為娛小

「他精神好得很，一天到晚信口雌黃，廢話特多。」讀完《再說龍和其他》，想起《這傢伙》的開篇語，不禁拍案：何為「庾信文章老更成」？這「流言」就是最好讀本。

一晃二十多年過去了，流沙河先生為何還能「一天到晚信口雌黃」，出書多種？答案也在《這傢伙》中：「每天他溜下樓一兩次，到街上去逛報刊亭」，買什麼《化石》、《海洋》、《飛碟探索》啊，還有《天文愛好者》、《環球》、《世界之窗》等「莫名其妙的印刷品，而且期期必買。」買了就「夜夜狂讀不已，好比吸毒上癮一般。」采得千種花，釀出百味蜜，如此日積月累，就又有了這冊《筆耕智果》(冉雲飛語)。

這冊《智果》中的字字句句，皆為「不講不快」「意在醒世」之語，毫無「低級趣味」！如用「娛小」兩字來顯現它的特色，最為精當。這緣於他「偶有文章娛小我，獨無興趣見大人」的自銘聯。對「大人」獨足跳踔之弊怵目驚心，「使我覺得自己沒臉，不好再去歌功頌德」，這才轉向娛我小民，免得他們被「大人」的幫閒給忽悠成跛子。聯中這「小我」並非單指他自己，而是泛指草根階層。有此當仁不讓，也就有了這部《再說龍和其他》。

龍為何物？它能否成為中華民族的象徵？已步二十一世紀的中華兒女，是否還充當「龍的傳人」？答案不容置疑：否！龍本圖騰，後來被皇帝老兒篡改成愚民緊箍咒。他們以龍自居，嗜民血以自肥。帝治之苦，罄竹難書。那些所謂「龍的傳人」為它招魂，意在重溫舊夢。「『龍的傳人』是他們，不是平頭百姓的我們。」此語出自《再說龍》之中，意猶未盡，他又語重情長：「百年前衰弱的清朝政府曾把龍旗當做中國國旗，龍粉絲們應該知道這個史實。」幫閒們將白骨精包裝成美女，手段高明，很難識破。「潮停水落龍安在，雲淡天高雁自飛」。如果他不用如椽大筆狠剝畫皮，真不知會有多少人被蠱惑的暈頭轉向。

為少一些人被蠱惑，他剝特異功能畫皮，剝海燈法師畫皮，剝《眾星不朝北斗》和《抓壯丁》等等畫皮，真是畫皮不盡，剝皮不止。而為剝得乾淨徹底，他還對那年「深信耳朵真能聽出紙團上的字來」，毫無情面地狠剝自己一通：「時當長夜破曉，鄙人樂觀未來，輕信奇跡，甚至靈跡。」自揭其醜，意在「捍衛科學，伸張正義」。「不然的話，國門恐怕又要關上，新一輪的義和團已鬧起勢頭了。」良知使然，醒世先得自醒，這正是他誠實不欺的為人及治學風格。

但他也不是整天金剛怒目。性本幽默，且已達隨心所欲之境，就偶有「笑可笑，非常笑」文章來「娛小我」。說偶有，是自謙。他每逢周日，必有友人來喝茶談天。「主題不出閱讀範圍，皆能說長道短，互相笑傲戲謔。」有此樂事，再與「莫名其妙的印刷品」中的東西相結合，就有了〈何道台的幽默〉、〈修鞋對話〉、〈高級笑話五十七則〉等娛小美文，讓我等小民喜得眉開眼笑，誇經他點拔開導，能「越活越明白」；也讓一些人氣得破口大罵，罵他「不到黃河心不死」。「左家莊」那一套他早已司空見慣，對「左爺」的迴光返照，他坦然自若。皮剝到了人家痛處，叫罵純屬自然。

「不到黃河心不死」，是「左爺」對「這傢伙寫詩寫文念念不忘一九五七年，死死揪住『文化大革命』不放」的抹黑。他經受了大劫，不想苟世之方，不思晉身之術，只知這是集權制度下必然惡果，才立志以文化愚。「娛小」是他從書中品悟出的智慧：「你從高處俯視，他們戴著堂皇的冠冕」；而「你從矮處仰望，他們未穿遮羞的褲衩。地位愈低，愈能看清真相」。為讓人「看清真相」，又愛看易懂，他為文力求短小，這才是「娛小」本意。〈高級笑話五十七則〉中最短者，全篇不足五十字，但讀後則讓人思之歎之，心緒難平。「懸幕布於曬場，山村第一次演電影，映《地道戰》。影片炮火密射之後，村童紛紛到布幕下摸索彈殼。」它篇名〈村童覓彈殼〉，雖不著荒涼閉塞一詞，卻可以想像此地是何等愚昧落後。而映《地道戰》之年，正是「文化大革命就是好」之時。這就是他以小見大之奇，也是娛小醒世之意。其時好聲震天，然而國民經濟卻幾近崩潰。如此教訓如過後就忘，「七八年再來一次」並不是杞人憂天。以不辯而勝其辯，這就是他的匠心所在，也使娛小文章魅力無窮。儘管也會「引起哄堂大笑，有喝倒采的，有鼓反掌的，」但「他還洋洋得意。」這是為何？此曲只應餘家有，他處難得一回聞，此為餘家一絕。

余老年近八十，也瘦弱依然。但「他精神好得很」，且老而彌堅。這正是我等小民之福，可常讀他娛小新作，在會心一笑中，「越活越明白」。

《臥讀偶拾》拾精細

讀書有時也受傳染，想讀《臥讀偶拾》，是讀了高信先生的那篇文章，才產生的強烈興趣。《臥讀偶拾》是譚宗遠先生新出的一本書話，高信先生所提到的那篇為〈華君武的封面畫〉正誤文章，就收入這冊《臥讀偶拾》。讀罷，對譚先生讀書精細不禁大為敬佩，慚愧之余，覺得只有以他為師，方可有所長進。

〈《小蝌蚪找媽媽》引出的一段書緣〉，發表在近期的《藏書報》上。據高信先生稱，他在寫〈華君武的封面畫〉時，因一時疏乎，把「著作權給錯了人」。以後讀到了譚先生的《小蝌蚪》，這才恍然大悟，倆人也由此結緣。說來慚愧，〈華君武的封面畫〉我也讀過，但囫圇吞棗，對文中的失誤也就視而不見。同樣讀了這篇文章，譚先生眼裏就不揉沙子，那個難以發現的小疏乎，也一下子就被他逮了個正著。這其中的關鍵，就是他讀得精細。讀書的心態不一樣，收穫自然就有天壤之別。

譚先生因讀書精細，這樣的正誤文章，在《臥讀偶拾》中並非一篇。〈遺民淚盡胡塵裏〉是篇書評，他對宗璞先生《南渡記》的成就與特色，自然是用一流眼光得出一流的見識。但更難得的是，他連錯字也稍掛一將：「全書印錯的字很少，也就三兩處」；然後又指出：「卡璞」應為「卞璞」，「因當年獻璞而遭刖足的是楚國的卞和。」說這更為難得，是能將一部小說中的錯字都了然於胸，如不精細到專心致至，錯字很容易從眼皮底下一溜而過。他讀書兩手都要硬，這既難得也難為，非精細過人不可。

書讀的精細，一些毫不起眼的失誤，就都成了他的寫作素材。一篇〈硬傷〉，對賈平凹《懷念狼》中，就指出了三處：《賈大山的卒年》，因鐵凝與徐光耀兩人說法不一，讓他也「頗費猜詳」。一篇文章一本書，只有能讀出自己的見識，這才能算是沒白讀，方為開卷有益。而如我一目十行，還以讀得快讀得多而洋洋自得，也就像熊瞎子掰玉米，掰一個丟一個，只落得個雙目疲勞而已。讀書若想開卷有益，惟有精讀細讀。這雖然看起來很慢，數量也不大，但讀一本是一本，日積月累，也就「鐵杵磨成針」了。《臥讀偶拾》是從他三本書話集中挑選出來的精品，由此可知，他讀書的收穫如何了。

讀書只求精細不求多，按他在《不可居無書》中的說法，這是因「我忘掉的書要比記住的書多得多」，這才改用笨法子來做補救。笨法子之一是抄書，「在我的藏書中，保存著兩本手抄本的古詩文，都錄自《中華活頁文選》」；二是細嚼慢嚥：「每讀完一本書，就登記一本，一年下來，少則讀五十幾本，多則讀七十幾本。」照此算來，一個星期他也僅讀一兩本，這與我相比，簡直是老黃牛。我一部長篇有時一晚上就可以啃完，直讀得兩眼發澀頭暈腦脹才甘休。然而快則快矣，到頭來卻都成了過眼雲煙，只落得個少壯瞎努力，老大徒傷悲。

「讀書破萬卷，下筆如有神」；「熟讀唐詩三百首，不會作詩也會吟」，這一個破字一個熟字，都是先賢的經驗之談，它無捷徑，只有精細，方可獲益，但這首先須將讀書的心態擺正。譚先生將看書當成「一種愛好，一種習慣」，「因為只有閱讀，才能夠讓我腦筋開竅，明白事理；也只有閱讀，才讓我覺得生命的充實和有益。」這就是說，只有把閱讀當成悅讀、當成享受，才會慢慢去品，仔細去悟，也就讀有所獲。如像我那樣為讀而讀，甚至是出於一種虛榮，說起來這本書我也讀過了，其實也不過是自欺欺人而已。現在人已賦閒，讀書已非任務，也無須應考，純屬自願和愛好，那何不像漫步小橋流水一樣，「慢慢走，欣賞啊」，精心細緻地去品悟那字裏行間的每一道美妙風景。

讀《臥讀偶拾》，從中拾得了精細之妙，這真是久旱逢甘雨。從明天起，我也要面朝大海，春暖花開……

《秋水夜讀》讀見識

王稼句文筆之美，有口皆碑，也讓無數粉絲為之而傾倒。但是，他那些卓具眼光的想法，反倒被忽略不計，也很少有人提及。幸得《秋水夜讀》，把卷之後，對他的一些想法不禁讚歎不已。其實，文筆美只不過是外表，有想法才是他的寫作追求，這也就是大師所稱道的見識。

所謂見識，用黃裳的話說，就是卓具眼光，此語出自鍾叔河寫的《書前書後》。他自稱為想法，是謙虛之辭。見識也好，想法也罷，都是文章的「文眼」，也是作者寫文章的立足點。這就如同詩詞中的警句，有它奇峰突起，無則平淡寡味，只是篇充數之作。細讀《毛邊書談瑣》，就知他的見識是何等不凡。

近些年來，毛邊書成為了熱門話題，他自翔「毛邊黨」，自然是當仁不讓，但出語卻獨出心裁。在《毛邊書談瑣》中，他直言「毛邊並不適宜所有的書裝，也並不適宜所有的讀者。比如偉人著作，毛邊似乎便有點大不敬；又如今人小說，讀它的人一目十行，哪能邊讀邊裁，真不堪煩累；再如古人畫冊，似乎也不能毛邊，買它的人不能翻動，數百元的價，畢竟不是一個小數。」什麼書才為適宜，「在我想來，只有耐讀的小書，最適宜毛邊。」接下來就侃侃而談，所說道理細想確實讓人信服，也讓那些瞎嘰嘰者臉上無光。

對於消閒讀物的一度盛行，他頗不以為然：「此舉於普及文化固然有益，但我常常有杞人之憂，年青一代是否會認為新文化運動是講吃侃樂、談情說愛的運動，是否知道即使在這貌似閒適的文字裏還有並不閒適的思想。」這是他在《酸菜集・跋》中所發感慨，還一針見血地指出，這其實是意在逃避現實。但他自知不合時宜，才自嘲是「胡思亂想」。有些人文筆也不錯，為何卻遭受冷落，只會鸚鵡學舌，沒有自己的一點見識之故也。知此，也就知道他的書為何熱銷了。

《秋水夜讀》共分四輯，收文九十三篇，這樣的見識，真是俯拾皆是。《讀書小箋偶存》是他與友人往來書信的合篇，所言直出胸臆，且均鞭辟入裏。在《與止庵》中，他言及書話的想法時說道：「書話的營養還可以包括前人在書畫上的題跋，這就是一種優美的因素，即詩情和畫意，並且篇幅短，文字也似乎並不過於雕刻，所謂率性而出」；在《與郭東昉》中，他談到文章的寫法時指出：「也許你不注意，你的行文流暢，其實行文流暢只是文章『漂亮』的一方面，至於文章的美，實在也可在不流暢中得之。」

如此見識，真可說只有他才能寫出的「稼」句。這除了他「有自己的思考，不迷信，不盲從」，還在於有這樣的理念：「讀書不得要領，即使將書讀得滾瓜爛熟，總是無益；文章沒有見解，即使寫得天花亂墜，也儘是廢紙。」此語出自《雪夜漫記・序》，這是他對作者的鼓勵和贊許，也是自己讀書寫作的堅守底線。

在《休憩與寄託》中，他就說到了寫作心態：「但寫時不能盯著名和利，否則心態就有點莫明其妙起來。有的人以為自己做的真是千古之事、不朽之業，只聽讚揚，聽不得批評；有的人依附名望，寫和某人喝酒，寫和某人下棋，似乎自己也和某人們一樣了；有的人則心裏想的，嘴上說的，筆下寫的，都不一樣，終其原因，連他自己也弄不明白。」這是讀了《有荷的日子》，他對王曉明將寫作當做休憩與寄託的贊許：「文章也就有了另外的意思」。他正是堅守著這種心態，文章見識才別具隻眼。

這些別具隻眼的見識，文章中有的只三言兩語，有的因不太顯眼，很容易被一掃而過。如在鍾叔河編《知堂談吃》一文中，說到附印作者的手跡時，他獨具己見：「如果從《兒童雜事詩》裏選一首談吃的印出，豈不更好」；在關於《老照片》中，介紹完照片成為妓娼招攬生意的時髦用品，他突發奇想：「研究近代廣告史，這也是別裁」；在俞小紅的《春夢》中，說起幾篇談人物的文章，他直言其短：「頗有幾分滄桑味道，這倒讓我覺得這幾篇的篇名太平白直露了。」這些見識看似平淡無奇，但如沒有大眼光大學問，不僅很難讓人認同，甚至還會招來恥笑。而這樣的見識卻大有意味，如細加品悟，或許受此點撥後別有洞天。讀書也須「功夫在詩外」，有些看似不大貼題的閒言碎語，卻為大見識；而欲識其三昧，無他，就是多讀書。

他就是讀的書多，見識才老辣獨到。這從書中文章題目，即可見其一斑。如《陳子文手鈔紫泥法墨蹟》、《宋刻梅花喜神譜》、《江南民間木雕》，以及《葉子》這些書，就從來沒聽過，既使見到了也無有興趣。而他不但仔細讀了，還大有所獲，才寫文章用以慧人。當然，對於那些販賣假貨者，他也毫不客氣，在〈感慨《硬傷》〉中，對〈蘇州歷代書法家〉和〈常熟老照片〉的亂點鴛鴦，就一一指謬，盡到了他一個文化人的擔當與責任。這也是書話的作用，好則說好壞則稱壞，以免讀者上當。而這如無真知灼見，只一味地人云亦云，那恐怕也得遭到打假。他的書受到好評，就是見識過人。

劉勰云：「夫水性虛而淪漪結，木體實而花萼振，文附質也」。文附質，也就是文采依附於內容。王稼句的文筆再美，如不依附他過人的見識，圖有虛表，那恐怕就另當別論了。他在此書〈後記〉中說：「文章總要有點自己的一點想法，儘管有時很膚淺，但也有其意思在，對我來說，當然也還是取乎法上。」這是他由衷之言，隨著年齒漸長，見識會更加睿智。他的書，真得都要找來細讀。

袁鷹先生的早期作品與筆名

袁鷹先生原名田仲洛，袁鷹這個筆名用得多了，已成為他的正名，原名反倒退居為二線。在《筆名勾起的記憶》中，他說所用過的筆名約有二三十個，有的僅用了一兩次。但對何時使用，用於那些文章，又有何寓意，卻無下文。現在《上海灘上舊巢痕》出版了，還附錄有他的一些早期作品與所用筆名，正可破解這個謎團。

先說「袁鷹」出典，他最初用於何時的何篇文章。

他初中畢業後，不願在「孤島」繼續升高中，只想遠去大後方，但因交通很不便、路費難籌，又有革命引領人的開導，就留下未走。在彷徨苦悶的日子裏，就用寫作來打發時光，一九四二年冬寫完《燕居草》，不願再用舊筆名了，就改換為袁鷹。「袁，是效法魯迅先生用母親的姓氏；鷹，則想往於一飛沖天、振翼千里。（第二十一頁）」後來還派生出高隼和侯千里兩個筆名，也寓有此意。《燕居草》發表在《飆》創刊號，自此在中國報刊上，就有了署名袁鷹的作品。一九五二年十月，《丁丁遊歷北京城》出版，也署此名。這是他的第一本書，至今已出書六十餘種（有兩部與人合著）。說他已著作等身，應當之無愧；它們有的獲過大獎，有的引起過轟動，有的還走出了國門，稱他為著名作家，也並非過譽。可以說，他一飛沖天、振翼千里的願望，已夢想成真，也足可慰籍平生。

他寫《燕居草》的家，是在太平坊。這是他家第三次遷居，在此讀了兩年書，還寫了《泥河》等作品。《燕居草》現已改名《市井小院》，它描寫了在日寇鐵蹄下，小院中苟延殘喘的眾生相。將它題為《燕居草》，也許寓有「厭居」之意，而用「生活永遠像泥河一樣地流」來結束全文，更讓人有沉悶壓抑、無可奈何之感。在此掙扎的人們，又有誰不因「厭居」而想趕快逃離？難怪他渴望成為展翅高飛的雄鷹，要展翅飛往到自由的世界了。

《泥河》是篇散文詩。它為外二篇，另兩篇分別題為〈生活〉和〈希望〉，發表在《飆》第二期，署名藍羽，原題為〈綰愁草〉。它雖為散文詩，亦可視為是生活三步曲，在泥河中掙扎，為生活而奔波，但也期盼於希望，結尾「我不禁對著蕭蕭的秋天歌唱了」，也為未來抹上了一道亮色。他改用藍羽為筆名，是此時正仿照何其芳、麗尼的散文來「畫虎」，又不願「濫竽充數」，才用濫竽諧音名為「藍羽」。他非常喜歡這個筆名，是覺得這兩個字很美。

說完「袁鷹」出典，再說裴苓。

他家從杭州逃亡到上海的第一站居住地，名叫典當弄。這裏有個「弄堂小學」，校長人稱「師母」，是個寡婦。他在此就讀兩年，對她的言行舉止了然於胸，家中又訂有《申報》，一時手癢，就寫了篇〈師母〉，署上裴苓的化名，寄給了《申報・自由談》，沒想到它居然變成了鉛字。這是他的處女作，時在一九四〇年九月五日，距今已七十年了。七十年彈指一揮間，他已成為白頭翁。但〈師母〉卻永遠留在《申報》中，證實著當年的田鍾洛，已用幼稚的筆敲開了文學聖殿大門，從此就開始了無怨無悔的編寫生涯。如果他不寫《典當弄》，裴苓與〈師母〉之謎，也就很難破解。「新樹繁枝迷望眼，白頭猶覓舊巢痕」，這〈寫在前面〉中的兩句詩，抒發著他面對舊作舊巢的無限感慨。

除了〈師母〉，〈得財嫂〉也署名裴苓，一九四一年發表在《申報・自由談》，此時他家已遷居到忻康路。他在上海生活了十五年，卻遷居十處，真可稱做是居無定所。但這對他來說，卻是因禍得福。

每到新住處，就能結識新人物，寫出新作品，一路漂泊一路寫，字字篇篇多酸辛。他在忻康路還寫了〈鐵絲網上的春〉，但未註發表處和署名。從太平坊遷到景華新村後，他寫了〈望春草〉，在《申報・白茅文藝週刊》發表，署名藍羽。另一篇〈從黑夜到天明〉，發表在《新生代》創刊號，署名史青；遷到漁光村僅三月，只寫了〈何冰〉，發表在《時代學生》創刊號，署名袁鷹；遷到武進路不到一年，寫了長詩〈朗誦給上海聽〉，發表在《新詩歌》第四期，小詩〈送行〉則發表在《文匯報・筆會》，兩篇都署名袁鷹；遷到橫浜橋時，他已在《聯合晚報》編《夕拾》，所寫〈詩詞十五首〉，都在此發表，詩署名白樂夫，詞則署李濁照。〈揚州散記〉也發表在《夕拾》，署名為洛神；遷至永和村半年多，寫了〈天坍的時候〉，發表在《詩創造》第十期，署名袁鷹；遷至漢口路，因工作需要，就改起寫了通訊。〈現在不比從前了——小小的故事〉、〈從員警人民到人民警察〉，均發表在《解放日報》，前篇署名袁鷹，後則署名鍾洛。他最後一站遷至長樂路，在這裏寫了〈看電影《解放了的中國》有感（二則）〉，發表在《解放日報》，也署名鍾洛。此後調任《人民日報》至離休，就定居在北京，至今已近六十年。

《上海灘上舊巢痕》所收舊作，共用筆名八個；此外他還用過高隼、侯千里、越人、庾子水、秦繡蘭、史鏡和梁汝懷，早期所用筆名共計十五個。到北京後，因編報之需，用他在《筆名勾起的記憶》中的話說：「雜文、散文、詩歌、小品、書評、影評、劇評，版面需要什麼就寫什麼」，所用筆名有鄭歌、戈松、沈潭、紀青山、杜若湘、江水、陳心、林碧和凌世步，合計為二十四個，可證他說「約有二三十個」，並無水分。但有的還與作品未能對上號，有的也無著落。這也先別急，他正在《上海文學》寫《筆夢依稀》專欄，讀後准有新謎可以解開。

放言大書話

大書話一詞，首出於龔明德《有些事，要弄清楚》一書中。那麼，何為「大書話」？

按龔先生說法，所謂「大書話」，相對於「小書話」而言，也就是「淺書話」。這就是「把一部作品儘量說明白」的「書話」，而不是「知道什麼就隨手寫點兒什麼的即興文字。」有此追求，就得「別把讀書當做任務，要坦然放下功利心乃至進取心，只留下好奇心，以完全悠閒的態度，仔細而緩慢地享受閱讀的美妙過程。」有此心態，所寫書話就有了靈性和韻味，也有了質感與張力，卻沒有了「再說的空間」，更不會出現誤導。

試以〈累遭誤解的《玉君》〉為例，來看何為「大書話」。它全文共分八節，除了開篇語，每節都有小標題；這如單獨成篇，也是「小書話」。而將它們集結起來，用數萬言來闡述它如何「累遭誤解」，就銳不可擋，也可以將有些事都弄清楚。以篇幅論，它與「千把兩千字」的「小書話」相比，確有資格稱其「大」。但「大書話」並不是以字數多少排座次，而是以內容充實、嚴謹可信論英雄。按龔先生所說，這還得具備兩個要件，一是「備料」要充足，二是閱讀要「深」入。有此，所寫文字才能讓人信服。這與「即興文字」相比，除了有深與淺的區別，還有雅與俗的追求，彰顯著不同的心態。

為證〈累遭誤解的《玉君》〉非「即興文字」，且看他「備料」如何。首先，他備有由「現代社」出版的《玉君》初版和再版本。

有了它們，才讓他對一些權威人物關於它的著述產生了疑問；而為了將疑點弄清楚，他就得先逐字逐句地研讀這些著述，再逐字逐句地與它原文本進行校勘，然後分析「誤解」的來龍去脈，才能下其斷言「累遭」。而斷言寫來容易得來難，如無書為憑，又無仔細校勘，還無深思熟慮，只會自取其辱。

再說「深閱讀」。「為力求用確鑿的史料」來證實它「累遭誤解」，他還得備有或查閱《現代評論》、《文學旬刊》、《唐弢藏書》，以及最新版的《玉君》等書刊。它們如不細讀，他縱使膽大如拳，也不敢「判定：唐弢沒有對《玉君》的兩個版本從頭至尾一字不落地『相較』。」白紙黑字，鐵證如山，他如信口開河，就得用一個學者的尊嚴來做補償。有了充足「備料」，又經過反覆「深閱讀」，再用妙手弄成「絕對是讀來很『好玩兒』的文字」，它才有資格稱之為「大書話」；知此，即知「深閱讀」就是將所涉及的書刊，都盡力搜全細讀，無此資本，也就無須奢談「大書話」。

以此而論，那些官腔官調、媚時媚俗的「即興文字」，有些也長如同懶婆娘的裹腳布，甚至巧舌如簧，但都不能混入其中；相反，〈小議《新華字典》〉中的十篇，卻是貨真價實的「大書話」。它們已無「再說的空間」，要有此效果，就要如同他所說：是「實在太喜歡」，願終身為「弄清楚」一些問題來讀寫，也甘願為此做「義工」，而不希圖封妻蔭子。清楚了這一點，也就清楚他的追求，就是為「努力改變一些讀寫領域的不良局面」來竭盡全力。

憑心而論，對於「資淺」書愛家來說，很難有他那麼多的「備料」，很難有他那雙辨識失誤的慧眼，也難有他那樣選詞造句的巧手。時代使然，有些人只知出名要趁早，忘記了板凳甘坐十年冷。不願裝傻，就抵擋不住「即興文字」的誘惑，「小書話」也就大行其道。更何況，寫「大書話」還入不負出，備料得有錢財，細讀需要時間，選字消耗精力，那如「即興文字」來得又快又實惠？他不願以高產為榮，「三五年過去了，我仍然是存稿有限」，著作也不能等肩。但有所失必有所得，聲望為他做了最好的補償。「莫愁前路無知己，天下何人不識君」，對於當今書愛家來說，有幾人不知道他，又有幾人沒讀過他的書？而這都得益於他的「大書話」。

做為一個喜歡「大書話」的讀者，如也放言胡說，它應具有如下特點：一是「不做大理論，專注小考證」。即從別人容易忽略的問題上著手，來校證以訛傳訛的史實；二是「勇於懷疑和挑戰權威」。《新華字典》名氣可謂相當了得，他照樣敢摸老虎屁股；唐弢為書話之父，他「吾愛吾師，但吾更愛真理」，指誤毫不手軟。憑此精神，才有了這本《有些事，要弄清楚》，真是功德無量。

以上兩點，均摘自《有些事，要弄清楚》〈序言〉。這篇張阿泉先生的「龔氏著述研究」，因頗合吾意，方拿來壯膽。三是文字不艱澀難懂，尤其不是那種專用名詞術語來唬人的學究腔，而是「讀來很『好玩兒』的文字」：四是敢說真話，〈序《書友》編輯部承編的《民間書聲》〉，開篇直言「不快之事」三條，擲地有聲，讓人可吐一口悶氣。雖然明知這說了也白說，但關注就是力量，也盡到了他一個讀書人當盡的責任。無此信念，他也不會來倡導「大書話」。

放言「大書話」，是知不成言而強言。這是表示對他志向的敬重，也是對它能開創輝煌的祝願。做為一個學步者，雖不能至，心嚮往之。

憑書話衷腸

——讀《青燈集》

鍾叔河老看了鄭寶雄畫展後，寫了篇〈看這兩棵樹〉。文雖不長，但那淡淡的哀愁，長長的思念和濃濃的情結，讀後不盡為之感歎。這是他對朱純離去後的真摯傾訴，是至情至愛的脈脈心語，是以文當哭的「貧賤夫妻百事哀」。其實，《青燈集》也是他獻給朱純的第一本書，是他與她在憑書話衷腸。

「蒼褐色樹桿上糾結的紋理，那是樹的縱的年輪，看來它們確實老了。枝柯交錯，互相輸送著力量，彼此攙扶支撐，這兩顆樹就這樣永遠站在一起，真不知道經受住了多少烈日嚴霜。只有飄零在黃土地上的落葉，還有樹梢上殘留的幾片，也許還記得晨曦給過它的溫存，輕風給過它的愛撫⋯⋯」

「站在畫幅前，我陷入了深思。」此時兩顆樹已化做為他和朱純比肩而立的身影，讓他心潮難平；但「當目光終於移向畫家自己的題詩時」又讓他心頭一震，「在這幾行詩上又久久地停下了：

也許總有一天
一顆會死去
那另一顆
還會陪伴它的枯枝

他佇立著，一遍又一遍默誦，一遍又一遍擦淚，耳邊彷彿有人在吟誦蘇軾《江城子》。頓時，那低迴哀婉的「無處話淒涼」，就化作為「憑書話衷腸」，讓他「看著看著，我的心忽然感到悲傷，眼睛也模糊了。我想，這恐怕就是詩和畫的力量，也就是人們常說的『藝術感染力』吧。當然，此與我此時的心境也有關係。如果朱純還在，恐怕我便不會如此較弱了。」此後，他就寫出了這篇如泣如訴、如詩如歌的美文，來向朱純表達他無盡思念。

〈自序——紀念朱純〉，是《青燈集》首篇「憑書話衷腸」之作。它字裏行間的真摯愛念，讓人為之動容：「和以前歷次不同，此時我心中並沒有勞作完成的喜悅，有的只是對朱純的哀思。」開篇語情切，結尾字泣血：「此書合同規定，九月初交稿，年底出書。屆時當以新書一冊，送到她掩體的山樹下焚化，作為她的周年祭。」在他心中，愛妻魂魄已化之為山樹，他將來也化之為樹，要她給他以力量，陪伴他這「很快就來到你身邊的」「枯枝」。有此至愛至情美文，可讓天下癡男怨女，不須再追問世間情為何物了。

《青燈集》「全書一二三篇中的一一〇篇，都是她幫我打印，有的還幫我修改過字句的。她去世後，過了八十天，我才勉強拿起筆桿，一則不到兩千字的小文，寫了四天才寫成……」這是他愛妻離去後的真實寫照，此後所寫文章，幾乎篇篇都有朱純：〈看這兩棵樹〉句句含情；〈艽野塵夢〉淚濕紙筆：「西元二〇〇七年四月十一日，朱純去世後八十日，始恢復執筆，而偃蹇特甚，至十四勉強成此篇。」而《談毛筆》開篇就是愛妻：「朱純走後，她生前常用的毛筆擱在那裏，我覺得不該太冷落它們，前幾天磨了墨試寫了幾個字，卻總不順手。真是「物是人非事事休，欲語淚先流」。

其實，早在朱純離去之前，他已開始「憑書話衷腸」了：「月前寄來的《答客問》卻是例外，因為老妻開刀之後繼以放療，住了三個月醫院，剛剛回家，我忙於求醫問藥，就無暇讀書了。」這是

《待讀‧答客問》寫愛妻初病時情景；「朱純同我結婚已五十二年，我覺得能得她作妻子是我一生最大的成功。」這是他《答‧文學界》因愛妻而有的驕傲。關於他們的相識相愛，在《講講我做編輯的事》中，雖然簡單卻意味深長：「我在報社做編輯，處理記者和通訊員的來稿。朱純調來後，被派作駐衡陽的記者，我和她就是這樣認識並接近起來的，五七年又一同成了右派……」有此長長牽手，又怎不叫他刻骨銘心、孤獨寂默，生有「我會很快來到你身邊的」之念？

但他終於從痛苦陰影中走了出來，因為愛妻叮囑在耳：「你不要睡得太晚」。那是告誡他還有好長的路要走，好多書待編，好些文章要寫，要他好自為之。「他的父親活到九十歲，母親也八十多，長壽因子一定會遺傳」，他「肯定還活得幾年十幾年」，這是朱純在《老頭挪書房》中對他的自信；「五七年沒打垮我，七〇年沒打垮我」，這是她病後所言，那言外之意是這也沒能打垮你，二〇〇七年這關坎你一定要挺過不去！當然要挺過去，「昔日戲言身後事，今朝都到眼前來」，他剛強了，這是因「半緣修道半緣君」。於是就在九九八十一難最後一難中，開始寫他久已擱筆的文章。雖還斷斷續續，但有她「輸送著力量」，他也要堅定地走在「人生邊上」。

《青燈集》一書，難見情啊愛呀的文字。但在〈自序——紀念朱純〉中，他卻用了一個異乎尋常的「情」字：「朱純走了，永遠離開我走了。但五十多年來和她同甘共苦的情事，點點滴滴全在我的心頭。」「情」在「事」前，足見此情之深重。說來這並不奇經，朱純在他心中，就如〈我和李普〉文中所說：「在我所見到的夫婦中，李普沈容可算是理想的一對。」因為他們「同時又是最好的朋友」。朱純與他是夫妻，「又是最好的朋友」，他們才那麼相敬相愛，相知相得，在牽手五十四年中，才同甘共苦，無怨無悔，才「在天願做比翼鳥，在地願為連理枝」。

「朱純能文，但無意為文」，只自印了一部《悲欣小集》。這是因為「她照顧我和孩子遠比照顧自己為多。」有此，他寫的、編的那麼多書，軍功章也應有她的一半。她走了，那「五十多年來和她同甘共苦的情事」，應否編寫《牽手集》和《相知集》，讓人們知道過去的「情事」？也讓它化作一辨心香，來憑書話衷腸？

書香在紙墨

重讀《秋禾書話》，先想起的一段佚事：在江西進賢一次讀書聯誼會上，有人請徐雁在此書上簽了名。消息傳出後，卻惹得書友紛紛聯繫要求轉讓，僧多粥少，此人也不想得罪書友，就來以競拍決定得主……後來花落誰家，未知下文如何，但這足以證明它的藏讀價值了。對於我來說，它也是常讀常新。

上

說是重讀，早在一九九四年《秋禾書話》問世後不久，我就先睹為快了，有的文章還讀了兩三遍。它也確實耐讀耐品，而且是每重讀一遍，都有些意想不到的驚喜。書寫得好，作者又成為了書話大家，當年定價僅十九元的書，如今「孔網」一冊簽名鈐印本，已索價超百元。這與那些當時很火爆，現在卻無人問津的大路貨相比，真是判若雲泥。物以稀為貴，難怪在二〇〇五年一家民間網站舉行的「最受歡迎的十本書話」評選中，它能排名第五，這也正是眾望所歸。

《秋禾書話》分為上、下兩輯，共收文章七十餘篇。上輯為〈書山零岩〉，多為書話和書評之作；下輯是〈書城札記〉，則是書史隨筆文章。書評書話發表在《書林》、《博覽群書》上的比較多，如按年排列，最早的一篇是一九八三年的〈《龍蟲並雕齋》書話〉。那時作者徐雁正在北京大學讀圖書館學系，可見那時他就開始了舞文弄墨。二十多年過去了，他如今出的書已多達十幾種了。

語云：「男怕選錯行，女怕嫁錯郎」，此言極是。徐雁在書話寫作與研究上能有驕人的成就，並以此為終身之志，是《晦庵書話》給他的啟迪。這在《秋禾書話·代序——書話因緣》中，有詳細交代：他負笈燕園時，有一天去圖書館，見《晦庵書話》寫得頗合口味，就借來翻閱。哪知難以釋手，到幾可背誦時方去還書。因超期將書證暫扣三月。借書不如己有，他就想買一冊，然而跑了幾家書店，卻都未能如願。有一次可碰上了錢又不夠，趕緊跑去向老師借，老師不在家，無奈只得失之交臂。真是精誠所至，金石為開。有一次雖未如願，卻買到一冊有關印刷史專著。而此書正為大學同窗所需，經友好協商，終於圓了他的收藏夢。從此，得其三昧：「經過二十多年的求索，我終於找到了適合自己天性馳騁的一片學術天地。」

「問渠哪得清如許，為有源頭話水來」。徐雁能夠成為當代書話界中的佼佼者，一在於他的學養根基，再就是他的勤奮堅韌。他從小就在爺爺的啟發下，熟讀了大量的唐詩宋詞；在大學裏就寫文章投稿，《博覽群書》有一期就發表了他的三篇書話。在《秋禾書話》中，僅一九八九年文章就選入了十多篇。然而文章得一字一字的寫，書需一本一本地讀，而這都得憑著勤奮与刻苦。他一路持之不懈，這才有了現在的輝煌。

他寫書話文章的筆名，多用「秋禾」，這也是《秋禾書話》得名的原因。它出自於蘇軾詩句「秋禾不滿眼，宿麥種亦稀。」他因此還自題云：「秋禾，秋禾，當春爾不長，入秋爾始苗。知者謂爾心憂，昧者謂爾何求！」看來他之所求，就是從事書話寫作與中國書文化史的研究。寒窗苦讀，腹納詩書，正是要將所學所識化而為文，為一條「洋溢著書香的路」再添幾抹亮色。因此說，「秋禾」就是他謙遜的別稱，或者是一種成熟的象徵。如今十多年過去了，由《秋禾書話》滋養的「讀書種子」，這也正是今後的希望。

讀《秋禾書話》，他的才華真值得敬佩。且不說他由「藏書而不知讀書，猶弗藏也」，就生發出上、下兩篇〈藏書家的家庭〉；單說那篇〈銅臭書香之間〉，他能作「翻案文章」，就足可歎為觀止：「其實在『書香』和『銅臭』之後，簾幕著的只是『勞力』和『勞心』兩台傳統天平。」真是一語驚人，讓他撕開了這道長期遮擋歷史的真相。

無歷代書估的「勞力」，也就無藏書家的「書香」，換句話說，「書香」是憑藉「銅臭」而生，「銅臭」因依靠「書香」所獲。兩者互生互存，相互依賴。舍此無彼，舍彼無此：「因此我以為，書賈既買亦賣，服務上門，既給藏書故家破落者善後，又為新一代藏書之人奠基開山，於書聚書散之舊關節，創楚弓楚得的新局面，實在是中國古籍流通的『良史』。」此語道出了書賈與藏書者互惠雙贏的真諦，他說得雖然是舊時書賈狀況，其實也是現在新書刊的經營理念。有此良言，功德無量，當今舊書市場繁榮火爆的局面，此文有大功矣。

重讀《秋禾書話》，它領域的寬博也讓我歎為觀止。舉凡與書有關的話題，均有所涉獵——書話有古籍新作，書評有名家新秀；論述藏書盛衰原因，考證書肆古今源流。其中一篇《文化中國的江南時代・序論》，將江南文化區域的劃分、形成原由，以及它對中國文化的推動與發展，分析的頭頭是道，論述的入木三分。寫此類文章，須無一字無來歷，無一句無出處，來不得半點虛假，更不容許妄言胡語。他能舉重若輕，真乃大家氣度。

重讀《秋禾書話》，也被他的文采所折服。一般來說，寫此類文章，深刻嚴謹易，文采飛揚難。但他能將唐詩宋詞穿插其中，就使得文章時見靈秀耐品。「於書聚書散之舊關節，創楚弓楚得的新局面」，這對仗工整，但又自然妥貼的句子，誰讀來又不為之擊節叫好？但它又似乎是信筆流出的句子，因信手拈來，才顯得清新隨意，自然妥貼。它有「舊瓶裝新酒」的藝術效果，卻無刻意而為之的斧鑿痕跡。而這樣的秀言雋語，隨處都有，隨處處可誦。品讀它們，真是受益匪淺。

「由書話寫作而及書評，由愛書讀書而關心藏書史實，由私家藏書興替而立志研治區域文化盛衰，《秋禾書話》一集是我個人的學術史。」這是《秋禾書話》•《跋》語中的一段話，也是他的志向和追求。二十多年來，他在這條「洋溢著書香的路」上，意氣風發，成就讓人刮目相看，為之喝彩。也正如此，他在答《中華讀書報》的記者問中，才提出了「初讀——深思，重讀——領悟，再讀——落筆」，這——讀——思——寫的程式，無疑就是他經驗的總結。我如能與他結緣，也許還能有點長進吧！

下

十五年後，又得到一冊由山西三晉出版社出版的《秋禾話書》。它是精裝本，與平裝本《秋禾書話》正好相映成趣。它與分為〈雁齋有書〉、〈拂塵書林〉、〈對書如晤〉、〈點墨書語〉四輯，共收文章二十四篇。

這雖然是徐先生的一冊新書話，但細心品悟，實為他的言志之作。如果說那篇〈代序——拂塵・對書・點墨〉是借書話酒杯來澆胸中塊壘，那麼《雁齋有書》中的四篇文章，就是他用婉吐心曲來「舊瓶裝新酒」。一個由沒有膽量應征《名家齋號趣談》的為文者，到成為了「獨領書城風騷的一人」（來新夏語），其經歷、志向和心願，盡可在此品悟。因此說，要瞭解秋禾其人，欲品賞話書文彩，須先拿到這把解讀鑰匙，方可登堂入室。

《雁齋有書》一輯四篇文章是：〈雁齋有書初長成〉、〈我的筆名故事〉、〈朝內大街一六六號「讀者服務部」〉、〈書房一間幾多緣〉。讀這四篇「夫子自道」，可知他年已四旬，正在中年勃發之時，「弄筆頭」也已二十七個年頭。「三十八年過去，彈指一揮間」，從《水杉賦》的泥牛入海到《秋禾書話》的入圍「中國書話十佳」，他在漫步書林期間所留下的「今典」，均可從中略知一二。「今典」出於其〈我的筆名故事〉一文，他在記述了眾多諸多文化名流的遭遇後，大發感歎道：「可見『今典』之不可不知。」明乎此，也就明白他為何將〈餘鴻・言文・秋禾〉、〈雁齋有書鈐印遲〉來改寫易名了。

〈餘鴻・言文・秋禾〉，曾輯入董寧文主編的《我的筆名》一書，寫作日期為二〇〇六年四月十八日，全篇三千左右字；《我的筆名故事》在二〇〇七年三月三日精雕細刻完畢，全文字數已近六千。時隔一年，他如此的精雕細刻，這就如同重新裝修房屋，整體框架雖未改變，但室內已煥然一新。

如果說走進一個人的書房，就可瞭解這個人讀書的志趣和追求，哪他此番勞神，則是為展示更多的「書卷氣」。而這些「書卷氣」就是少了一點書生意氣，多了一些書業精神。這就是他在不惑之年對現實讀書界有了新的考量，已不提「多年以來，我以經不在跟著起哄說什麼構建『書香社會』一類的口號，只說養育『讀書種子』和培養『讀書人口』了。其實，這兩件事儘管具體而細微，可也是路漫漫其修遠矣，任重道遠而不計其功，幾乎也是可以預計的」清醒。

正是有了這種清醒，他在改寫中才加寫了近乎一倍的「今典」，意在詮釋「杜人之口，難於防川」，以示他已由「捨我其誰」的爭往「龍門」裏縱跳，改變為當有新書能「上市」時，大家能捧個「場」的話，他就「遙唱一個肥喏了」的無奈。這種無奈儘管回天無力，然而他那種欲挽「書齋文化」不斷其「根」的悲壯，堅信「一分耕耘」才有「一分收穫」的勤奮，以及「不信書香喚不回」的執著，就更加讓人敬佩，也對書業薪火相傳有了新的希望，難怪來新夏先生將他譽為「一面書文化的大旗」。

來先生此語，出自《書城滄桑又蒼茫》。在這篇〈書城滄桑〉序言中，說道他其人其書，才有了這情不自禁的嘉語：

「徐雁是一個讀書、藏書、寫書的書迷，因為如今從他身上找不出『書卷氣』以外的東西了」；「我感到他在他的書城裏好像樹立著一面書文化的大旗，經過二十來年的苦心經營，已逐漸由藏書而讀書，由讀書而評書，而且還把書由『新』開始讀向『故紙』裏去了，他似乎正在編織著一面『網』，大有網羅書海、竭澤而漁之勢」。

有此嘉語，也就有此結論：「我很少看到一個人圍繞一個中心話題持續地寫上十幾本書，但徐雁做到了這一點。這次借為《蒼茫書城》作序的機會，比較仔細地選讀了《徐雁序跋》等三兩種，我愈加欣賞他的堅韌，他的勤奮，他的執著，他的才華。撇開老一輩的不論，冒昧說一句，在他這一輩人中，徐雁應是獨領書城風騷的一人」。正是有此賞識，才有了這冊《秋禾話書》的應運而生。

《花園文叢》編選者在〈出版說明〉中，說他們請來先生推舉入圍之人，徐先生為首選者之一。來先生在舉薦之後，就電致雁齋，他也就欣然從命：「小子得此飛來橫福，頓時飄飄忽忽頓有可上九天攬月之快，其實那快感源，實是邃谷老人提攜後生的那點美意啊。」「本書係在百度網上的個人主頁《秋禾話書》博文的同名結集」，有此原由，他的言志之意，就在《秋禾話書》中來傳播了。

〈桃李〉是《秋禾話書》的壓軸篇，這不僅是他的言志之作，還是向「潛規則」挑戰的一篇檄文。長篇小說〈桃李〉因過於寫實，

「實誠得讓人難以坦然面對」。但他坦然面對了，並且尖銳地指出：這群失了魂的人，其實是當代研究生教育「導師制」的變態者。而他雖然「人在江湖」，卻立志「身能由己」，這就更讓人敬佩。他敢將「導師制」的「流行病灶」一針見血指出來，方可不受其惑，也可潔身自好。這與他要為書業而獻身的大志，正好相輔相成。一個沒有良知的文化人，縱使他藏書再多，才華再大，也不能來扛這「書文化的大旗」。他有此膽識與擔當，才有了邃谷老人的這種期許。

邃谷老人的這種期許，也許是源於兔子黨的「今典」。當年北大正是有了這群「卯字型大小」的當仁不讓，才有了新文化運動的輝煌。秋禾也屬免，也許正是有了這種巧合，才有了邃谷老人殷切的期許。但他卻有自知之明：「我該是當日無意中被『著』了『道兒』的那一位，竟從古代藏書家史實的愛好者，到自己入了所謂『當代藏書家』的夥。二十多年的工夫，『贏得書樓薄倖名』！我這於一九六三年秋在江南出世的兔子，小步快跑，竟趕上了藏書家的隊伍。」無心插柳柳成蔭，正是有了他的「小步快跑」，才讓他成為書文化的扛旗人。

一卷紙墨書言志，今年又是兔子年。在徐雁的「本命年」中，他又給讀書界什麼新驚喜？

第三輯

臧克家與《詩刊》

如果把《詩刊》當做臧克家的一首長詩作來品讀，就可以品悟出他辦刊的風格與追求。但遺憾的是，他雖然有志想讓《詩刊》靚麗的與眾不同，然而無情的現實，卻讓它未能畫上完美的句號。

一九五七年一月二十五日創刊的《詩刊》，以兩種版本橫空出世。其中最為搶眼的就是那種道林紙毛邊本。對這種久違多年的裝幀形式，為免遭誤解，在〈編後記〉中還特意作了說明：「《詩刊》的毛邊本裝幀，也許需要稍作解釋。抗戰之前，流行過毛邊本的出版物。魯迅主編的《莽原》和《奔流》的雜誌，他的著作《吶喊》、《仿徨》初版，都是毛邊的，我們覺得這種形式是美觀的。」

詩人覺得這種形式美觀，工農兵讀者卻不予認同。他們把這種從未見過的裝幀形式，全都當成了不合格產品，再加上售價還比報紙本貴一些，自然難以容忍。責難的聲浪雖然還沒有鋪天蓋地，他們又得苦口婆心地解釋：在「形式方面，許多讀者對毛邊本提出了不同的意見，有的贊成，有的反對。現在，《詩刊》有兩種版本，道林紙是毛邊的，不切；報紙本切邊，任讀者選購。毛邊是便於在訂合訂本時，切一道邊的。」儘管如此，在出滿第一卷，也就是自第六期之後，還不得不從眾隨俗，取消了這種新穎獨特的毛邊本。

《詩刊》另一種新穎獨特處，是採用了以卷編年的老傳統。這種老傳統已廢止多年，臧克家重新啟用，也意在展示《詩刊》的卓爾不群。做為詩人，他當然以詩為眾文之宗，有與眾不同之美，也就千方百計地來靚麗她。為此，每期封面的編年數字，還用紅藍綠等不同顏色來打扮，使她們更靚麗美觀、賞心悅目。他這用意儘管也瞞過了一些挑剔者的敏銳，未遭到像毛邊本那樣的指責，在出滿一卷後還是悄悄收場。時代已不充許《詩刊》特立獨行了，想借「雙百方針」東風來推陳出新，也只是他倍受鼓舞中的一廂情願而已。

說他這是一廂情願，可以從〈個人的感受〉來設身處地。這是他發表在《文藝報》的自我表態，就是要表達那甘願鞠躬盡瘁的心情：「記得《詩刊》要交給我負責的時候，我還是有些顧慮，曾和黨的負責人劉白羽商談。他說：『你不要有顧慮，《詩刊》沒有黨員，你和徐遲就是黨員，黨信任你們』。我們因此也充滿信心，黨放手，我們也放手。」此時他剛評上一級作家，又有幸走進中南海，成為毛澤東的座上賓。有此不同凡響的際遇，也就有了他的「春風放膽來梳柳」的非凡舉措。假如《詩刊》創刊時間再往後延續半年，就是再借給他一個膽子，也不用說以卷來編年，更不會有毛邊本。

《詩刊》因有兩種紙本，售價也不一樣。毛邊本價為四角，報紙本為三角。這也並非一定終身，從一九五八年一月號起，因頁數增加，道林紙本售價改為五角，報紙本不變；自四月號起頁數如前，但道林紙本售未做調整。到了一九五九年，道林紙本仍維持原價，報紙本卻絳了二分錢的價。雖然如此，道林紙本出至第三期就斷了檔，從此只有報紙本一花獨秀了。

道林紙潔白厚重，與報紙本不僅有黑白粗細的區別，手感也大不一樣。兩種《詩刊》，一掂就知分曉。兩種紙本兩種售價，這也為創刊號再版本留下了一個標識：售價四角者為初版，而再版本則為五角。這個標識，在一九五七年第十二期再版廣告中已寫的很清楚。此外，區別的方法還有，初版創刊號封面的一字比再版本大一些；目錄頁中創刊號的號字，初版本為繁體字，再版則為簡體，再就是字體還略大一些。《詩刊》能有道林紙本，真是善莫大焉，後來陳毅也想讓《詩刊》再出道林紙本，卻是回天無力。從再版的興旺到衰落，也只有兩三年的時間，這恐怕是讓臧克家不會想到的。

《詩刊》的衰落，先從道林紙本的退出開始顯現，然後就是訂數的「一代不如一代」。一九五八年訂數最多曾達到過十萬冊，過了一年則減少到八萬，再過兩年則乾脆不予公佈了；而最為明顯的則是頁數的減少，它創刊之初，每期為一百頁，因反右之需還增至到一百二十頁，然而到了一九六〇年它雖躲過停刊一劫，卻從第七期開始減為七十四頁。但還是無以為繼，自一九六一年開始又改為雙月刊。如此到了一九六三年後半年，陳毅說《詩刊》出雙月刊，這在國際上影響不好，這才改為了月刊，只是頁數就只能以舊為舊了。然而這還是好景不長，出到了一九六四年底，它就停刊了事。回首創刊之初，那是何等的榮光和輝煌，然而臧克家萬萬沒有想到，全國獨此一家的《詩刊》，竟然成為停刊中的領先者。這就如同他的詩集《憶向陽》，剛出版時風光無限，後來卻成為眾矢之的，來了個破鼓萬人捶。

詩無達詁，對於《憶向陽》，當然也是仁者見仁，智者見智。「文革」之中，臧克家這位毛澤東的坐上賓，也被發配到「向陽湖」去洗心革面。「向陽」數載，留下一冊詩集。「夜闌哨急鳴，秋收早出工。摩肩不識面，但聞報數聲。」這首〈早出工〉如當〈半夜雞叫〉來解讀，恐怕就不是唱頌歌而是訴悲情了；「臨到節假日，說閒亦半忙。案頭還信債，池畔洗衣裳。」一個年近七十的詩人，卻淪落到自己去「池畔洗衣裳」，讀此詩句，心中悲酸，全無頌歌意味。

這幾首發表在復刊後的《詩刊》，他這種春秋筆法，也應當是「成也蕭何，敗也蕭何」。「有的人活著，他已經死了；有的人死了，他還活著。」這首〈有的人〉，正是他自己的寫照，也應當是《詩刊》最好的評判。

沈從文與《裝飾》雜誌

命運之神特別會捉弄人。就說沈從文和丁玲這兩位文友吧，他們當年在文壇還並未有太大的差別。但在新中國成立后，卻有了兩種截然不同的命運。在丁玲當紅的時候，沈從文已痛別文壇，與罎罎罐罐去打交道了；而當丁玲被發配到北大荒去接受改造時，沈從文卻迎來了他人生中又一個輝煌時期，在新創刊的《裝飾》編委會中，他不僅榜上有名，而且排名還比較靠前。

《裝飾》雜誌於一九五八年九月五日在北京創刊，是當年中國唯一以裝飾為內容的大型期刊。但創刊號只印兩千五百冊，為該年創刊雜誌中數量最少的一種。它數量雖少售價奇昂，為《大眾電影》的五倍，再加上開本為方形，裝幀精美，用紙精良，真可稱為雜誌中的貴族。貴族雜誌編委的陣容也強大，編委就多達十八位，沈從文能與張正宇、陳之佛這些藝術大師並肩入圍其中，這種變化和影響，真是今昔兩重天。

《裝飾》為雙月刊，出至一九六〇年第三期停刊，前後共出十一期。在這十一期中，沈從文共發表文章七篇，從創刊到總第六期，每期都有他的大作，由此可知他的寫作是多麼勤奮。這六篇文章都是談論文物的古為今用，它們依次是：〈龍鳳圖案的應用與發展〉、〈魚的藝術——和它在人民生活中的應用與發展〉、〈談桃花〉、〈介紹幾片清初花錦〉、〈皮球花〉和〈蜀中錦〉，從這些文章也可以看出，他的研究領域又是多麼廣泛。一九六〇年，由作家出版社出版的《龍鳳藝術》一書，就是他在這時期的文章結集；自新中國成立後的十多年間，這也是他唯一的一本新著。而在期間，丁玲卻被剝奪了發表作品的權利，更別提出書了。

到了一九六〇年五月，《裝飾》也和許多邊緣刊物一樣，均因無紙可供而停刊。在停刊號上，沈從文又發表了《花邊》，也算為他在此輝煌歲月鑲嵌了一道耀眼的「花邊」。創刊號上有他的文章，停刊號又有大作，他與《裝飾》也算是善始善終。而更難以可貴的是，他那知識份子憂國憂民的胸懷，雖然個人已被邊緣化，在文章裏還時刻「位卑未敢忘憂國」:「這種裝飾方法直到現代衣料處理上，還是值得好好利用它。因為不談別的，僅從國民經濟而言」,「每年為國家節約染料，就不知將要達到多少噸！」然而他這顆赤子之心，卻只得到了一些讀者的認可。在這期所刊讀者來信中，就讚賞〈龍鳳圖案的應用與發展〉等「專題論文給了我們不少有益的啟示」。有此，他的心血總算沒有白廢，《龍鳳藝術》能被出版，也是對他文物研究的認可。

讀沈從文傳記，總有「頭重腳輕」的感覺，而這就是對他解放後的經歷與成就，寫得太單薄也太乾癟了點。如究其原因，則是作者們忽略了對他發表在各報刊文章的深入研究。僅以發表在《裝飾》上七篇文章而言，若能從他的謀篇立意，發表背景及反響上著眼，就會寫出這一時期有血有肉的沈從文來。更何況，他還在《新建設》、《旅行家》等雜誌上發表過不少文章呢。這就如陳寅恪先生所倡導的「以詩證史」一樣，寫作家學者的傳記也應「以刊補史」。如真能從這些報刊來裏來著手著眼，沈從文就會更豐滿傳神，也更真實可信。

《裝飾》復刊後，其開本、裝幀均無改變，就連裝飾這兩個美術字，也沿用了張正宇當初的設計原樣。只是它未刊編委名單，沈從文還能否擔任編委，就無從知曉了。此時他年事已高，就算能名列其中，也只能來擔任個顧問的角色。

一九五六年期刊中的魯迅紀念號

一九五六年十月十九日，是魯迅先生逝世二十周年的紀念日，這一天全國各地都為他隆重的舉辦了紀念活動，其規模和影響，也為前所未有。期刊界也當仁不讓，它們以各自的方式和版面，推出了各種風格的魯迅紀念專號，為期刊史寫上了濃墨重彩的一筆。

《文藝報》是中國作協的理論刊物，作為領軍之刊，它連續出了三期紀念專號，規格也堪稱第一。它為半月刊，第十九期為〈魯迅紀念專號〉，第二十期為〈魯迅逝世二十周年紀念特輯〉；此外，還出刊了一期〈魯迅逝世二十周年紀念大會上的報告和講話〉附冊。在《文藝報》六十多年的辦刊史上，這是它唯一的三連刊，可見當年的主政者，對這次紀念活動是如何的重視。

如計算一下這三期所發文章的篇數，已近八十篇。這些作者即有宋慶齡、許廣平等著名女士，還有郭沫若、茅盾等文化泰斗，又有阿英、魏建功等專家學者。他們用各自的角度，闡述了魯迅先生在文學各個領域所取得的成就和影響，也表達了他們對魯迅先生的敬重與懷念，是魯研者不可多得的寶貴資料，它們也已均已記入了史冊。

上海是魯迅先生最後的居住地，也是他戰鬥到最後一刻的地方，在這裏舉辦紀念活動也就有了特殊意義。在所舉辦的各种紀念活動中，也包括隆重的遷棺儀式。《文藝月報》的第十和第十一期兩期紀念專刊，就發表了巴金和上海作家的多篇文章，同時還發表了魯迅先生的手跡、照片和新發現的書簡；此外，還刊出了遷棺時的照片和相關資料，這些珍貴資料，有的已編入了魯迅研究文集。

一九五六年創刊的《萌芽》，為半月刊，是為文學青年提供展示才華的一個平臺。它第七期也即十月號，就是紀念專號。在眾多紀念文章中，有一篇王寶良的〈回憶魯迅先生二、三事〉，寫的頗有特色。作者曾是內山書店的店員，他的回憶也就特別親切感人。第八期還是紀念專刊，發表了巴金、唐弢和靳以等人的十四文章，為紀念活動唱了一出名家聯台的重頭戲。

《版畫》也在一九五六年創刊，為國內獨家專發版畫的月刊。它於十月創刊，創刊號也成了〈紀念魯迅逝世二十周年特輯〉。魯迅先生是現代版畫的辛勤園丁，著名版畫家李樺、趙延年和野夫等人都發表紀念作品；趙家壁、江豐和日本友人也發表紀念了文章，表達了他們的思念和敬仰之情。這個是創刊號又是紀念號的畫刊一出版就被搶購一空，以至又連續加印了兩版，由此可知讀者對它的喜受。半個多世紀過去了，它依然為創刊號收藏者的首選畫刊。

《作品》也和《版畫》一樣，在封面上印有「魯迅先生紀念專輯」醒目大字。封面版畫「偉大的導師——魯迅」，出自版畫家梁永泰之手，為這期紀念專輯增添了丰采。這期紀念專輯發表了四篇文章，還發表了魯迅先生當年的照片，和他為中山大學所題寫的〈國立中山大學開學紀念〉書影。關於這幅書影的說明文字是，此件《魯迅全集》未收，為國內孤本。有了新版《魯迅全集》，它再不會是「孤本」了吧。

《解放軍文藝》以發表軍事題材的作品為主，但在紀念魯迅逝世二十周年時，它也重拳出擊，身手不凡。十月號這一期紀念專刊，它除了發表〈論《阿Q正傳》〉和〈略論魯迅的文藝批評〉兩篇理論文章，還發表了〈魯迅和茅盾起草祝賀紅軍長征勝利電〉、〈魯迅赴德國領事館抗議法西斯迫害德國進步作家〉兩幅木刻和一幅〈魯迅〉彩墨畫；第十一期又發表了黃藥眠、臧克家和陳伯吹三位的評論文章，這在《解放軍文藝》的辦刊史上，也非常少見。

《紅岩》的〈紀念魯迅逝世二十周年專號〉，刊印在它的扉頁。這期專號共發六篇文章，其中林如稷和豐中鉄因與魯迅先生有過往來，他們的文章也就倍有份量。此外，豐中鉄和周為的兩幅版畫也頗具特色，現在已是難得一見了。

《草地》的〈紀念魯迅逝世二十周年專號〉是一期增刊，在地方文學刊物中，這樣的增刊並不多見。它所刊的〈魯迅給我的教育〉，也出自林如稷之手。龔明德的〈「並不熟悉的青年」是誰？〉，就以這篇文章為據，揭穿了一位名作家所編造為魯迅親自去送《淺草》的謊言。

《讀書》月刊這一年的十月號，雖然沒有紀念專刊的標題，但它所發兩篇相關文章，也可視為紀念號。這兩篇中的〈域外小說集〉，是唐弢《書話》專欄的開篇之作。唐弢用此文來開篇，無疑也是在用這特殊方式來紀念魯迅先生。

《中國青年》在第二十期發表了三篇作品，用來表達億萬青年對魯迅先生熱愛與景仰。這三篇作品是：艾中信的油畫〈魯迅和青年〉，李樺的木刻〈講習所上〉和一幅魯迅的彩色照片；《文藝學習》是面向廣大熱愛文學的青年文藝月刊，它紀念魯迅逝世二十周年的作品，自然就非常適合他們的欣賞口味。它發表了四篇文章，其中有一篇周遐壽的〈魯迅的文學修養〉。周遐壽就是周作人，他在這一時期所發文章，均以魯迅有關。用現在一句文壇時尚名詞，這也是再吃「魯迅飯」。

在《民間文學》的紀念魯迅逝世二十周年專輯中，也發表了周遐壽的一篇〈魯迅與歌謠〉。除此之外，還有汪曾祺的〈魯迅先生對民間文學的一些基本看法〉。這是一篇理論文章，汪曾祺寫這樣一篇長文，在那個年代並不多見。而〈魯迅先生與民間文學〉則是一篇年表，這是一篇重要的文獻資料。它記述了魯迅自幼年開活參與的民間文學活動，詳實周密，不知是否出版過單行本。它對於魯迅研究，是必不可少的珍貴文獻。

《美術》的〈紀念魯迅逝世二十周年特輯〉，發表了張望、力群和司徒喬等人的九篇文章，還發表了彥涵、古元、黃永玉等人的十八幅畫作，可謂是陣容強大，名家會萃。尤其是十八幅畫作，它們有木刻、國畫和水彩，都是丰采傳神，美不勝收，用來紀念魯迅，也真是匠心獨運，已達出神入化之境。

《語文學習》標題與眾不同，它是〈紀念魯迅先生誕辰七十五周年逝世二十周年〉。它發表了許廣平、何家槐和沈仁康等人的四篇文章，文章也與眾不同，重點都放在語言的精練和表現手法上，這對學習寫作者當然大有益處。

除了以上這些期刊，《語文教學》、《新港》和《延河》等新刊；還有《劇本》、《新建設》和《文學研究集刊》等老刊，也都根據自身特色，發表了各具特特色的紀念文章，以表達對魯迅先生的敬重。但也有一此文學期刊，甚至還是名牌大刊，卻對此異常冷淡，有的只發一篇來浮衍，有的還一字不著，也可以算作「百花齊放」。

紀念魯迅先生的專號和特輯，在一九五六年期刊中是一道靚麗風景，它多姿多彩，讓人賞心悅目，流連忘返。今年是魯迅先生逝世七十周年的的紀念日，七十年彈指一揮間，回顧當年的紀念盛況，不禁對先生的人品文格更多了一些瞭解，也更多了一些熱愛與敬重；對收集他的著作和相關資料，也更多了一點興趣和信心。

汪曾祺與《說說唱唱》

汪曾祺在建國之初，曾分別在《北京文藝》、《說說唱唱》和《民間文學》擔任過編輯，但論知名度，他還不如他的恩師沈從文呢。沈從文在北京第一屆文代會，還被選為三十名作家代表中的一名代表，也在《新建設》、《旅行家》和《人民文學》等報刊上經常發表文章。而他雖然也偶有文章發表，卻微乎其微，還是個名不見經傳的人物。《說說唱唱》從創刊到停辦，五年間也僅有他的兩篇詩文。文章〈從國防戰士到文藝戰士〉發表在一九五二年的第八期，譯詩〈井底引銀瓶〉發表在一九五四年第二期。只是它署名為曾其，但看其譯文之美，應當就出自汪曾祺的手筆。

〈從國防戰士到文藝戰士〉是一篇人物專訪，它還有一個副標題為〈記王鳳鳴〉。王鳳鳴是遼寧海城人，因家貧難以生存才參加了解放軍。他喜好二人轉，能唱會編，就由一名戰士改做文藝兵。在慶祝八一建軍節二十五周年所舉辦的體育文藝表演競賽大會上，他有兩篇作品獲獎，這篇人物專訪，就記述了他的成長過程。《說說唱唱》以發表說唱文學為己任，有這樣的觀摩學習好機會，當然不會錯過。他們就是在觀看演出後，才選編這期演出專號，還配發這篇人物專訪。為此〈編後記〉中還寫有這樣一段話：「這次的競賽，不僅會對全軍的文藝運動起到極大的推動作用，而且還會對一般的文藝工作者發生有力良好的影響。」老舍非常重視曲藝作品的寫作，作為主編，他才將編發了這期演出專號的意義，提高到這樣一個高度。

〈從國防戰士到文藝戰士〉全文近四千字，寫了王鳳鳴人生經歷和轉變過程。汪曾祺不愧為文章高手，在如此短的篇幅中，將人物寫得栩栩如生而又真實可信，確實在謀篇剪裁上，展示他的獨到之處。尤其在寫人物對話上，簡短而又傳神，真可以說是呼之欲出，顯現了他刻劃人物的獨特功力。採訪是在演出間進行的，時間短，發稿急，若無下筆千言，倚馬可待的文采，是很難寫成，也很難寫的這麼豐滿傳神。他不辱使命，文章又寫得如此乾淨漂亮，確實讓人刮目相看。行家一出手，便知有沒有，難怪老舍有此遠見：「北京有兩個作家今後可能寫出一點東西，一個是汪曾祺，一個是林斤瀾……」老舍出言謹慎，能出此語，已從所寫文章和所選文稿中，看好了他是塊文壇玉璧。

〈井底引銀瓶〉是白居易寫的一首詩，講述了一懷春少女與人私奔後受到歧視而懺悔的故事。將古詩今譯，並將其神韻完美的表達出來並非易事，沒有深厚的文學功底是難以勝任的。也許正因譯者自謙，署名才為曾其試譯。但此曾其是不是汪曾祺的化名，或者是因手民所植呢？手頭沒有相關的資料，只能在此提出，以待研究者考證。但他在西南聯大求學時曾旁聽過朱自清、聞一多的古典詩詞課，他也確實有詩人的氣質和文采，由他來擔當此譯詩的重任，也應是知人善任。假如是老舍他來譯，他注有「試」字也順理成章。這裏且將詩的結尾四句錄下對照，以供有興趣者加以研究。原詩為：「為君一日恩，誤妾百年身，寄語癡情人家女，慎勿將身輕許人。」譯詩是：「為了你一天的愛情，葬送我整整的一生。癡情的姑娘啊你們小心，千萬莫把愛情輕輕給人。」《說說唱唱》從始至終只刊此一首譯詩，這是為紀念白居易這位世界文化名人，它才有此特例。譯詩如確實出自他之手，那在寫作這十八般武藝中，他又亮出了一手絕活。

汪曾祺在開國之初那幾年所寫作品並不多，這是當時的環境無他用武之地，他也樂得先隨遇而安。蕭也牧的《我們夫妻之間》挨批了，沙鷗的《驢大夫》挨了批，高莽的漫畫《浪費》也點了名；還有《武訓傳》和其他各種文藝形式的作品，都有挨批的靶子。寫了便有危險，擱筆才保安全，何不樂得自在悠閒？如無命題作文，他恐怕連《從國防戰士到文藝戰士》，也難以動筆。但整天能與老舍、趙樹理相伴，耳熏目染，也使他受益匪淺。何況閱稿選稿也是一種學習和提高。無為而無不為，如無在《說說唱唱》這幾年編組生涯和寫作練筆，也許就不會有他以後的《受戒》、《大淖紀事》這樣的爐火純青之作。

在陸建華的《汪曾祺傳》中，說到他在這裏做編輯時，有這樣的精到見解：「汪曾祺認為：一個戲曲作家不學習民歌，是寫不出好唱詞的；寫小說的，不讀一點民歌和民間故事，就不能成為一個好的小說家。正因如此，他十分珍惜解放之初先在《說說唱唱》，後在《民間文學》當編輯的那段生活。」因此，只有認真研究他在《說說唱唱》的編輯生涯和文章寫作，才能對他的思想和生活有全面瞭解，也能品悟他隨遇而安的深刻含義。

懷念《火花》

一九五六年前後所出現的文學期刊改版改名熱，是「雙百方針」帶來的新氣象，值得期刊專家認真研究。本來嘛，文學期刊與刊名自身，都應有它的個性和特色；但卻都成了夏衍在《廢名論存疑》中所嘲諷的那樣，都是地名加文藝一個模式。春風吹來百花開，《延河》啦，《草地》呀，《新港》啊，一個個新穎別致的刊名紛紛閃亮登場，讓人們為之喝彩。這也調動了「山藥蛋派」作家們的創作靈感，為他們新出世的刊物起了個既漂亮又時尚的名字——《火花》。

「《火花》將是從鋼鐵中鍛煉出來的火花，《火花》將是從人民群眾生活鬥爭中爆發出來的火花。」這是詩人高沐鴻在為它創刊所寫的〈前言〉中，對它的希望和禮贊。其實，它更應當是作家智慧與膽識在思考中碰撞出來的勇士火花。四十多年後，《山西文學》將「關心民瘼，開啟民智」作為它的辦刊宗旨，所體現的也正是這〈前言〉中所言：「作家們要進行獨立思考，自己就得有所思考；要進行獨創，自己就得有所創作。如果作家們自己心裏還未爆發火花，則一定不會把火花爆發在紙上的。」山西多山，山多則石多；石為火種，火可給人們帶來光明與溫暖。文學的本質就是慰藉人們心靈的火種。「山藥蛋派」們將他們的刊物名之為《火花》，就是希望它能成為人們光明與溫暖的一束火花。

《火花》在一九五六年十月一日出世，這真是一個好的不能再好的日子。當人們歡天喜地慶祝共和國第七個國慶之時，又能捧讀一冊帶有墨香的《火花》，那真讓愛書人心花怒放了。先不用去翻讀它那每一篇文采飛揚的詩文，只須瞄一眼那封面上鋼花飛舞的圖畫，就知道每一篇詩文將會給人們帶來怎樣的眼福。這兩萬多冊《火花》，就像兩萬多束火把，從山西飛往祖國的四面八方，讓人們見識山西人民的氣魄和丰采，展示他們的胸襟與才智，也體現「山藥蛋派」的實力加大氣。創刊號一下子推出兩萬多冊，這在當年省市文學期刊中，還沒有哪一家能與它比肩。而它一出世就被搶購一空，也證實著「山藥蛋派」的實力與魅力。當年是它們讓小二黑、雷石柱走進了千家萬戶，如今它又要講哪些精彩的故事，推出什麼樣的英雄人物，誰不想先睹為快呢？

西戎是「山藥蛋派」五虎上將「西、李、馬、胡、孫」中的頭條好漢，《火花》主編自然也非他莫屬。他的愛才、惜才和護才，在文壇中有口皆碑，用一位作家的話說，他把每一株幼苗都培養為成參天大樹。當年在四川，他讓流沙河脫穎而出，回到山西後，李國濤、焦祖堯，以及後來的張平、張石山等諸多作家，都成了後起之秀。公劉因「陽謀」發配到了太原，自然也得到了他和他的同仁們關愛與呵護，到了「小陽春」之時，公劉這樣的摘帽作家也可以公開在報刊上發表作品了，他的詩句也就井噴般從筆尖流出。是《火花》慷慨地為他提供了大量版面，〈太原抒情〉、〈十月的詩〉那些雪片似的詩章，才一展昔日的采。韓石山在《撫信欲哭淚已乾》中寫道：「在我寫作起步那幾年，西戎給我的幫助和鼓勵，什麼時候想起來都讓我五內俱熱，難以忘懷。」他之所言，也正是眾多作家的共同心聲。有西戎來主政《火花》的編務，它的名聲又怎能不火，人氣又怎能不旺？

《火花》出至到一〇八期，被突如其來的「文革」風暴所吹滅。如果將它每一期比作梁山泊的一條好漢，它們也都有比他們還精彩的故事。趙樹理是「山藥蛋派」的開創者，《火花》當然不能沒有他的經典之作。一九五八年夏，一位副主編受命來京到他家組稿，此時他正趕寫〈靈泉洞〉，盛情難卻，只得答應過兩天再說。哪知這位副主編還就不走了，他看此文債不還不行，就用兩天時間趕寫出了〈鍛煉鍛煉〉，讓組稿人不辱使命；此作在第八期發表後，《人民文學》在同年第九期就做了轉載，並在〈編後記〉中稱，它「是近年來小說創作的可喜收穫」。

同樣，西戎的〈賴大嫂〉，也是篇可與〈鍛煉鍛煉〉比肩的佳作。它在一九六二年第七期《人民文學》發表後，賴大嫂那「石雞滾坡的高嗓門」，就給文壇帶來不小的震動，還被譽為「不好不壞，亦好亦壞，中不溜溜的芸芸眾生」的典型人物。自家的孩子自家愛，《火花》在同年十月號，就發表了〈我讀《賴大嫂》〉和〈漫讀《賴大嫂》〉兩篇評論文章，對它所取得的藝術成就和不足之處，做出了全面評述。哪知天有不測風雲，待階級鬥爭的弦一緊繃，《賴大嫂》不僅成了「中間人物」的代表作，這兩篇評論文章也遭到了痛批。但圍剿的文章儘管鋪天蓋地，也都氣勢洶洶，卻沒有一篇說到點子上。現在看來，它所表達的主題，就是管得太死板，農業無希望的民意，作家只是來借賴大嫂的藝術形象來進諫。二十多年農村施行的大包乾，已證實他所諫言的超前與正確。而這樣的作家，才是有良知的作家，他也將永遠受到人民的敬重。

馬烽與西戎，兩人都是以《呂梁英雄傳》名震文壇的作家。新中國成立後，馬烽又以《結婚》等作品引起世人關注。在《火花》創刊號中，他的《一篇特寫》，又向人們展示了女勞模王冬梅的丰采。此後，在電影劇本《我們村裏的年輕人》中，又推出了孔淑貞農村新一代女青年的形象。從一九六二年起，他的長篇《劉胡蘭傳》開始連載，這部新作共連載了兩年，它將劉胡蘭這位家喻戶曉的女英雄成長過程，做了生動可信的記錄。正如〈《劉胡蘭傳》讀後感〉所說：「這部作品語言樸實、精確，富有強烈的感情色彩，發揚了馬烽一向的語言特點：準確、鮮明、生動、樸實、自然，如行雲流水。」也正因此，它後來獲得了傳記文學的大獎，使他成為山西作家中令人敬仰的一座高峰。

除此之外，胡正的長篇小說《汾水長流》，以及束為、孫謙等作家的作品，都給《火花》帶來極大的聲譽，擴大了它的影響，成為文學期刊中人氣頗旺的名刊。十年《火花》，成為山西文學的一個品牌，也是山西文學十年的忠實記錄，值得山西人民留戀和懷念，也值得期刊收藏者永久珍存。只是，與《火花》同期出世的《雨花》，依然繽紛飄香，《山花》依然迎風怒放，唯獨它失去了耀眼的火光，讓人懷念，讓人想往，也讓人追問：它何時才能重新閃光？

懷念《火花》，我收藏《火花》。

趙樹理與《說說唱唱》

《說說唱唱》一九五〇年一月二十五日在北京創刊，趙樹理是它的主辦人。這個從屬於大眾文學研究會的機關刊物，辦刊宗旨就是用人民大眾的眼光來寫各種人的生活和新的變化。正因為它把目光放在關注社會底層各種人物的命運上，它也就成了風行一時的刊物，發行量曾居全國之首。

讓趙樹理來主辦這個刊物，確實是量才為用，選對了人，也正合他的口味。說到他的名氣與聲望，在開國之初的作家中，那也是頗為耀眼的文壇新星；尤其在廣大農民心目中，他就是他們的代言人和形象大使。在第一屆全國文代會上，他除被選為各個領導機構中的負責人外，還有一個被他最為看重的職務，那就是中華全國曲藝改進會籌委會的負責人。在第一屆文代會上，他以〈水準和宏願〉為題，立下了自己在創作上的宏願：「在改進舊文藝的基礎上去寫通俗作品，使其達到一般工農兵能懂得並喜歡的水準。」這也是他對文藝工作立下的宏願。因此，他說他自己過去那些作品，並不是他理想中的東西，「他理想中的東西是要老百姓自己都能夠說說唱唱。（羅泅：《人民作家趙樹理》）」難怪他在將它定名為《說說唱唱》爭論中，他還動了肝火呢。

在醞釀創辦之初，因有人嫌這個刊名太土太俗，卻又想不出更妙更雅的名字來，讓他大動肝火，還拍著桌子大發雷霆：「我們辦它就是要提倡說唱文學，這是中國文學的正統。小說要能說，韻文要能唱，我們叫《說說唱唱》，正好體現我們的主張、這個名字有什麼不好？」（見戴光中《趙樹理傳》第二六五頁）這個謙和淳厚，性情耿直的農民工作家之所以大動肝火，一是出於他認真負責、快刀斬亂麻的工作作風，也是對瞧不起他這個土包子的洋包子們，發洩那忍無可忍的憤怒。

〈石不爛趕車〉是《說說唱唱》創刊號的開篇之作，也是趙樹理說唱文學的經典作品。這是根據長詩〈趕車傳〉改編而成的鼓詞，因為它句式長短不一，有唱有白，再加上他運用了大量的俚曲口語，使得它更加風趣幽默、易懂易記，也很快就風行一時。在北京第一屆文代會上，這本書還被當做贈送大會的禮品呢。著名詩人肖三著文評價它說：「拿趙樹理的〈石不爛趕車〉與田間的《趕車傳》相比，〈石不爛趕車〉對新詩可以說是一個很大的『諷刺』，也可以說是一個啟發。（見《文藝報》第一卷第十二期）」這就是他為何極力提倡說唱文學的主要原因，在當時文盲還占民眾大多數的情況下，只有通俗易懂的說唱文學才能迅速地在民眾之中得到普及，也能被他們所接受。他以後致力於劇本《十里店》的創作，也是出於這個目的，他的心，才真正與民眾相通相連。

趙樹理愛才。他對陳登科那近乎天書的來稿不僅毫不嫌棄，還精心整理修改，然後就在第十期開始連載，又在同期發表了推薦文章。他不僅誇讚小說寫的內容充實寫得好，為避免性急的讀者嫌刊出太慢，還將四個主要人物的故事寫了四首詩，先來作簡單介紹。其七月子贊詩是：「伶俐聰明小女孩，無辜血肉委塵埃。移屍也有功勞在，換得英雄雪恨來。」有人曾驚歎他的古文底子深厚，從此贊詩中即可略知一二。有了他的慧眼識珠，中國文壇才多了一顆陳登科這樣的參天大樹。這段佳話，在文壇已為人所熟知。

但不為人所熟知的一件事，是他破格發表了崔蘭波的中篇小說《小力笨》。崔蘭波原名劉植蓮，曾以雷妍為筆名在四十年代享譽文壇。有了這樣的歷史背景，對她這樣的作家因無明確的說法，都持觀望態度。她化名投稿，目的也是出於一試。因小說寫得確實精彩，是那種「用人民大眾的眼光來寫各種人的生活和新的變化」的作品。他不僅敢於擔當地將它發表在「頭版頭條」，還破格用手寫體為作者署了名。發表作者作品用手寫體署作者名字，這是名作家才享有的特殊待遇。他對她這樣的作家不予岐視還如此尊重，難怪她很快就又拿出一篇新作交他發表，還將署名改為了真名。可惜劉植蓮因病早逝，她能有此厚愛，也能在解放後的文壇上留下她幾篇作品，九泉之下，也不會忘記他的知遇之恩。

但愛才也給他惹來了禍端。淑池的中篇小說《金鎖》發表在第五期，作者也是大眾文學研究會的會員。沒想到小說發表後，就遭到同行的發難。他以金鎖這個人物不真實，是對勞動人民的侮辱為由，又在《文藝報》上予以全盤否定，立刻掀起軒然大波。對此，趙樹理以〈《金鎖》發表前後〉為題，也在《文藝報》發表說明文章，對那些看似義正詞嚴實為空洞無理的論調，給於了無情反駁：「我所以選登這篇作品，也正因為有些寫農村的人，主觀上熱愛勞動人民，有時候就把一切農民都理想化了。有時與實際不符，所以才選一篇比較現實的作品來做參照。(《文藝報》總第十七期)」接著，他用事實把農民中各種類形的人和這些人的處世方法與態度詳細做了介紹，讓人們不得不信服，他對農村的熟悉和對農民的瞭解才可稱得上是真正的農村通；憑此，他才寫出了《小二黑結婚》、《李有才板話》這些讓農民認可的作品。

更難能可貴的是，他對作者淑池據理力爭的呵護，和實事求是的大無謂精神。說到小說所出現的不足之處，他把責任全都攬到自己身上：「有人提議改一改，我主張不大改，理由是尊重作者。」「原是藝術觀點上的錯誤，而我則既不向作者提出，又沒在文章中改正，對作者是一種「外氣」，對讀者也沒沒有負到應該負的責任。」

在〈對《金鎖》問題的再檢討〉一文的結尾，依然對作者充滿了關愛之情：「最後，我仍認為作者具有寫農村的特殊條件：生活熟悉，文字通俗流利，只要經過相當的政治學習，一定是能寫出好的作品來的。」這種不推卸，敢擔當同時處處呵護著作者的「檢討」，在批小說《我們夫妻之間》、批詩歌《驢大夫》的狂濤惡浪中，他真是個敢做敢當的大丈夫。這與那些誠皇誠恐地認錯服輸的檢討者相比，只有他才敢寫這樣的文章，也只有他在危難之中還處處想著別人。這就是趙樹理。

檢討文章發表後不久，他的《登記》又在《說說唱唱》第六期上與讀者見面了。這是《小二黑結婚》的姊妹篇，但比它寫得更有深度也更加通俗易懂。它雖然是為配合宣傳婚姻法才動的筆，但「趕任務」能趕出這樣的作品來，難怪連馬烽也對他敬佩有加。這篇作品很快就被老作家端木蕻良改編成劇本《羅漢錢》，發表在第二十四期。一時間它風行大江南北的舞臺上，艾艾和小飛蛾也成為了家喻戶曉的人物。

除了《登記》，他還在《說說唱唱》第三十七期，發表了小說《王家坡》。這是他在此發表的第四篇作品，也是最後一篇作品，還不如檢討文章多。因《金鎖》，他檢討；因發表〈《武訓》問題介紹〉，他檢討；因發表《種棉記》和《政府不會虧了咱》，又作檢討。一個作家把時間和精力都花在這上頭，他沒有想到但也無可奈何。他想逃離，天可憐見，《說說唱唱》與《北京文藝》兩刊合一，還真給他提供了一個機會。老舍擔任了主編，他可卸下重擔，回到老家，和鄉親們過舒心自在的生活去了。在一九五二年的第一期，也就是它的第二十五期上，他發表了〈我與《說說唱唱》〉，將兩年的編輯生涯作了總結與回顧，也算是他與讀者的告別書。在告別書中，他做了這樣的反思：「還有個錯誤是事前缺乏計畫，弄得完全被動。每逢有了重要的政治任務，就臨時請人補空子，補不起來的時候，就選一些多少與該問題有點關係的來充數，簡直有點和政治任務開玩笑。」其實，這更是開文藝的玩笑。他既然回天無力，也只得逃離了。

回到農村後，他如魚得水，這才有了創作上的新收穫《三裏灣》。後來《曲藝》創刊，又由他來挑這副重擔。他這個農民工大作家就如同現在進城的農民工一樣，哪裡髒哪裡累就有他們的身影，還從不叫不苦抱怨。他因始終保持著農民本色，還曾受到一些人的嘲諷和譏笑，但對他的才華與作品，卻又不得不折服。尤其對於他的人品與文品，更是無人可比。這從他編輯《說說唱唱》的字裏行間，就可品味出來。他的作品和故事，也將永遠被人們說說唱唱。

與《劇本》結緣

做為以集全套期刊為樂的癡迷者來說，我最早讀到的全刊就是《劇本》。說起與它的結緣，已是三十年前的往事了，那也真是說來話長。它創刊五十五年了，也是我收集它的第十個年頭，就忍不住要來講述一番。

那是在一九七七年的初秋，我還在唐山礦工會宣傳隊創作組當大寫。說到春節的演出，老演員李大姐提議排演話劇《特別代號》，說它表現的是我某部偵察員化裝潛入敵人內部的故事，情節曲折、驚險，演出一定能火。那時文藝作品已漸解禁，為了能在會演中一舉奪魁，領導還就拍了板。但劇本乃一劇之本，欲排演首先得找到劇本。唐山大地震幾乎將書刊毀失一空，要找到它真如大海撈針。怎麼辦？我愛收集舊書刊，曾看到過《劇本》雜誌，說如能找到它，也就一定能找到這個本子，還說要找最好去北京，它的編輯部就設在北京，而且北京還有圖書館和舊書店，准不會落空。李大姐支持我這個建議，領導還就拍了板。

進京後也沒費多少周折，很快就找來了《劇本》。《劇本》又由創作組保存，近水樓臺先得月，我也就先品嘗了這道美味大餐，領略了它的妙處，也就與它結下了不解之緣。

但開始想集全它，卻是二十年後的事情了。已知其妙，它復刊後就開始訂閱。每收到一期，翻讀時就象餓狼遇到肥肉那樣貪婪。尤其對蘇叔陽的《左鄰右舍》、李龍雲的《小井胡同》等劇中的人物命運，也不知發出過多少回感歎；對沙葉新的《陳毅市長》、郭啟宏的《成兆才》，也不知向多少人做過推薦。說起來，對於戲劇和專發劇本的《劇本》，我簡直是入了迷。其實這也並不奇怪，小時候就愛看戲，現在又想照貓畫虎，對它又怎能不著迷。什麼事都有頭有尾‧集存劇本也不能讓它有尾無頭啊。

但說來容易做來難，幾十年前的老雜誌，經過了歲月的消耗和歷次政治運動的毀失，它已存世無幾了。何況它又多有一百多期，要想將它一本一本的收集全，真不知該有多難。唐山發生過大地震，它又是不很流行的一種雜誌，在舊書攤上也就很難見到它的芳容。有過進京求購的經歷，潘家園和報國寺又是淘寶的好去處，就決定再次進京。河裏無魚市上取，到那裏準會有收穫‧這就開始了新的求書之旅。

來到潘家園雖然天剛剛亮，但裏面早已人滿為患。人們擠擠搡搡，都在爭選著自已的藏品。我也不甘落後，加快了腳步，擠進人流中，開始尋找獵物。可從南到北走了兩個來回，卻沒能見到它的半個身影。各種書刊遍地都是，也可以說是應有盡有，卻唯獨它不露面。這可真是如同搞對象，愛我的人我不愛，我愛的人不愛我，看來還是緣分未到哇。天可憐見，有位攤主還真擺放出來一期合刊期，一問價，競嚇了我一跳。問能不能少點，人家卻以搖頭示意。對它早已爛熟於心，知道合刊號上有老舍先生的劇本，也就咬牙買下了。收書就急匆匆奔了報國寺，盼望能在那裏能見到它的眾位兄弟姐妹。

報國寺也和潘家園一樣，擠滿了無數的淘寶者。但我卻無寶可淘。這就奇怪了，是正巧無貨呢，還是我與它暫時無緣？其實，收藏本來就是可遇而不可求之事，不能急於求成。後來集全了，還才終於明白，它之所以難見芳容，是印數太少之故。它一期僅出三萬多冊，物以稀為貴，少見價高，也不是為怪。這次能求得一本，運氣還算不錯。

但此次卻得到了一個意外的驚喜，那就是買到了一期《舊書交流資訊》報。有它做紅娘，一下子就開闊了我的求書視野，也很快就買到了創刊號。雖然索價甚昂，還是咬牙拿下。擒賊先擒王，創刊號是全刊龍頭，無頭就難以飛騰。以後，又發現了一個比它還好的尋書去處，那就是孔夫子舊書交流網站。它有上千家書店，百萬冊書刊，還有數萬書友的加盟，又可以互換、求購和調劑，我很快就配齊全套的《劇本》，終於圓了多年的集全之夢。舊友重逢，我又沉浸到當年初讀時的歡樂之中，而且還有了新的發現和驚喜。書是常讀常新的，何況隨著閱歷增長，見識的更新，對它自然也就有了全新的認識。

就說它的創刊號吧。它發表了四個劇本，《趙小蘭》、《民主建政好處多》、《在隱敝的戰線上》和《新事新辦》。因為都是各個劇團所要排演的劇目，三萬多冊的創刊號很快就被搶購一空。廣大讀者還寫來各種各樣的信件，以表達他們的祝賀和看法。在二、三期合刊號上，就刊出了三十多封，其中有一封還是作家魯彥周寫來的呢。顏振奮先生說它是應運而生的，它真如同為廣大戲劇舞臺和——演員們下了一場及時雨，解了他們的燃眉之急，可以為廣大觀眾送去好戲了。

如按它的開本來區分，它為大三十二開本和十六開本兩大部分。第一部分是從一九五二年創刊到一九五五年共計四年；從一九五六年起它改為十六開本，一直到一九六六年停刊始終未變，只不過自一九六五年起，就由月刊改為雙月刊了。在這一百多期的《劇本》上，發表了新老劇作家的作品上千個，其中的《紅花給誰戴》和《節振國》還是唐山作家創作的呢。〈回憶《劇本》月刊創刊前後〉的作者稱讚它：「是我國戲劇文學的一部發展史」，這還真是最好的評價。做為一個期刊集存者，能在眾多全刊中還收有一部戲劇文學發展史，也是頗為自豪的。

雖然早已將它的全刊收齊，但我見有品相極佳的還要買下，以來吐故納新。等全換成品相最佳的，在講述我與《劇本》結緣的故事時，再來展示它的風采。

《雨花》緣

此生與《雨花》有緣。

在新中國數以萬計的期刊中，如果要評選一個最佳刊名，我只選《雨花》。看到過的期刊，聽說過的期刊，珍藏著的期刊，嚮往著的期刊，多的已不知有多少種，但掂量來掂量去，品罷頭來再論足，只有它最有詩意也最雅致，最好記又讓人浮想聯翩。那花瓣似的雨絲，那雨絲似的花瓣，還有那飄飄灑灑芳芬，紛紛揚揚的美妙，真是似霧似風，帶香帶露，美不勝收，讓人如夢如幻。這樣美妙空靈的刊名，也只有葉至誠他們這些生在江蘇的文人墨客，又領略過雨花石之美的江南才子，還欣賞過雨花臺之妙的辦刊人才會生此靈感，為他們即將新出世的新刊想出這麼一個如詩如畫的芳名。而這樣的芳名，也只有它這個江南靚女才更加阿娜多姿。此名只可它獨有，他刊哪有此生緣。名好才讓我慕名而讀，由讀而生愛。因愛而收藏，這才有了與它不解的藏緣。

萌生收全《雨花》的念頭，還是因它那漂亮的詩文，如有名無實，只有一個漂亮的刊名，也只是個繡花枕頭，不會勾起收全它的興趣。陸文夫的《小販世家》，高曉聲的《李順大造屋》，汪曾祺的《異秉》，都讀得如醉如癡，甘之如飴。尤其是陸文夫、高曉聲等人的獲獎小說，更是讀之再讀，幾可背誦。愛其文而又欲知其人，讀了一些零星資料，才知道他們原來就是那世人皆知的「探求者」成員。但他們究竟要探求些什麼，為何又因此而獲罪，就一無所知了。不知而好奇，好奇心欲烈，收藏它的願望也就欲強。因為只有它們才能刊載這方面的文章。這就有了想藏全的意願，也終於能一睹它的芳容。

在一九五七年的元旦那天，《雨花》創刊號帶著墨香飛到了千家萬戶。現在已不知它當年給人們帶來了怎樣的驚喜，但從我的相見恨晚來看，也就可以想像那是怎樣的一種情景了。它真是太精緻太漂亮了，那盛開如火的紅牡丹和那嬌豔欲滴的幾枝桃花，先就給人一種滿面春風、花香撲鼻的快樂和興奮，好象收到了春姑娘的美好祝福。此幅題作〈花卉〉的封面畫，出自美術大師陳之佛之手，用它來作《雨花》創刊號的封面畫，真可以說是珠連璧合，相得益彰。花為實花，雨乃虛雨，有虛有實，虛實相間，將雨花寓意表現的淋漓盡至而又意味無窮。後來，它又設置了一個〈雨催花發〉的欄目，也是將此意境再度延伸；當然也是編輯們志在以辛勤汗水滋潤文學幼苗的真誠心願。《雨花》之所以能人才輩出，佳作不斷，其根緣也在於此。雨與花為緣，花因雨而豔，雨花緣，雨化而成花源。

《雨花》創刊號短篇小說首篇，是陸文夫的〈平原的頌歌〉。這是他為小站站長章波唱上的一曲頌歌，也是他探求小人物豐富內心世界的一篇佳作。但探求卻被誤作出格之舉使他招來災禍，人臭文也臭，在他挨批時它也未能倖免。在出版《二遇周泰》時因將它附錄於後，儘管茅盾先生對他的創作才華禮贊有加，但他還是被誣為意在翻案而大加批判。《雨催花發》，雨潤花豔，雨勤花繁，雨暴卻使花凋殘。《雨花》的最後一期，就是以批他之文來做壓卷，也是他與《雨花》始終相伴的一個見證。他是在「探求者」中發表作品最多的一個，也是最後的一個，他與《雨花》有割不斷、拆不散的不了緣。

江蘇是人傑地靈的富庶之地，南京是六朝古都，文脈源遠流長。如果細加分析，就可知在一九五八年興起的將月刊改作半月刊熱中，它能夠堅持兩年多，就得益於江蘇的富庶。而它的人才優勢更是得天獨厚，且不說「探求者」們的文學成就在全國作家群中較為罕見，就說沙白、憶明珠和孫友田、劉振華這些詩人小說家們的作品，在文壇中的影響也是有目共睹。還有周瘦鵑、程小青、俞平伯和紀庸這些赫赫有名的文壇老將，他們的作品不僅在其他報刊上難得一見，也給它提升了品位和知名度。俞平伯的《顧頡剛藏桐橋倚擢錄　兼感吳門舊棕絕句十八章》；范煙橋的《略談彈詞的發展》；周瘦鵑的《花鳥小品》；程小青的《渡僧橋下》，以及楊苡、趙瑞蕻等人的佳作，也都唯它所獨有，不藏它全刊，哪可享受這等美味大餐，更不用說可以讀它伴老了。

《雨花》之美，還在於眾多美術大師將它的精心裝點。江蘇乃畫師之鄉，著名的大師劉海粟、錢松喦、傅抱石、呂斯百、亞明、馬得等，都將它當做施展才華的平臺。期期那些美不勝收的畫作，展示了祖國山河的壯美、江南水鄉的靈秀，讓人有身臨其境之感。劉海粟的《黃山散花塢煙雨畫》、錢松喦的《宜興梁祝讀書處》、呂斯百的《鎮江金石》、馬得的《送基肥》，還有傅抱石、關山月的那幅巨作〈江山如此多嬌〉，都是難得一見的佳作。再加他們的書法、篆刻，更使它美輪美奐、雅致可人。不藏《雨花》，何處可賞如此眾多的畫中精品？文緣畫緣，因藏而緣，也是一藏百圓啊。

與《雨花》有緣，得品它詩文之美，可賞的書畫之妙。慶幸此生與它有緣，更願再將它復刊之後的缺刊補全。圓一個得藏它五十年大全套之夢。此夢能圓否？有志有緣，此緣可圓。

《隨筆》改版閒話

到二〇〇九年一月，《隨筆》已創刊整整三十年，至今已出刊近一百八十期。關於對它的評價，只一句「南有《隨筆》，北有《讀書》」，就可知讀書界對它的首肯與認可。但它也並非都是輝煌之旅，其創刊不久後的七期改版，就是一段艱難決擇。而正是能迅速恢復原貌，這才有了它現在的輝煌。

《隨筆》改版從一九八〇年十二月開始，到一九八一年十二月結束，也就是從總第十三期到總第十九期，前後歷時一年兩個月。關於為何要將原三十二本改版為十六開本，它在《改版的話》中講了三點好處：其一，因用紙和裝幀的改變，「相對而言，出版週期可能稍縮短，費用可能稍降低。這樣，刊物的成本低了，售價也就要變動，讀者可收實惠。」

其二，「改為十六開，預期可稍便於發揮我們現有的編輯技術水平和經驗，有可能使刊物的形式美更改進一些，從而使讀者感到更親切一些」；其三，「最主要的還是在內容方面，改為十六開，讓期刊的面目更強烈一些，有助於喚起我們經常注意；選稿多想著多數讀者，儘量避免那些過深過僻的內容，談問題和現實生活的節奏扣得更緊一些，使刊物新鮮氣息更濃一些。」

因為事先徵求了讀者意見，自然也就聽到了不同的聲音，這主要集中為兩點：「改成十六開後就和它的姊妹刊物《花城》等都差不多，沒有自己的特點了」;「《隨筆》有大量的知識性內容，是有價值保存備查的刊物，改成十六開就不好保存了。」

對這兩種不贊成的聲音，編者給予了充分的解釋：內容優於形式，三十二開本的刊物有很多種，它們各有各的特色，如值得保存讀者自然就會保存；保存與否和開本並無絕對關係，有些老十六開本的刊物至今依然有人保存，而一些三十二開的則無人珍藏，此中關鍵還取決於它的內容。開弓沒有回頭箭，改版後的《隨筆》如期與讀者見了面，它也等待著讀者的評判。對此，他們還做了這樣的表態：「我們一定努力把《隨筆》辦好。但是也還要『眾入拾柴火焰高』呵，那就請大家把友誼和支持的手伸給我們吧！」

然而，「大家把友誼和支持的手伸給」他們的卻是「反對」。其實，「反對」在某種意義上說來才是真正的「友誼和支持」，因為只有聽到真誠的聲音，才能將失誤迅速改正。讀者的反對聲音雖然未予刊佈，但它不外乎兩點，一是它預期的「實惠」並未見效，這一經比較，就可以看的格外分明：前《隨筆》以總第十二期為例，它每期十三萬字，售價為四角七分。改版後的《隨筆》字數少了一萬，售價卻漲了三分變為五角。另外對於要保存的讀者來說，因它改為「騎馬釘」，這種屬於最簡陋也最原始的裝幀方式，無疑對保存極為不利。有此兩點，讀者自然不予買帳，也就紛紛退出。這也才使得它又迅速恢復了原貌，也就是從一九八二年第一期開始，它又改版為三十二開本，並一直延續至今。

這裏應當說明的是，所謂「讀者自然不予買帳，也就紛紛退出」，只是我的大膽假設，並無相關資料可以小心求證。僅管它在十五期，也刊出〈《隨筆》，願你展翅飛翔！〉的讀者座談會紀要，但卻都是喝彩之聲；第十六期附有的〈《隨筆》徵求讀者意見表〉，也未將讀者的意見予以公佈。但我堅信是「反對」占了上風，否則它改版就不會半途而廢。另外，它在版權頁上雖然沒有印數的記錄，改版後的印數與改版前究竟少了多少也就不得而知。但從現在舊書網的求購資訊來看，這十六開本的七期《隨筆》的一刊難求，則可證明它們的印數與三十二本相比而言，無論在它之前還是以後，都少之又少，否則也就不會有高價本購的現象。這也就從側面證明，它因為確實具備保存價值，老訂戶也就一直在保存著它們。而後來者想收藏全套，物以稀為貴，他們才不得不出以高價求購，因此也就可以證明，正是這七期十六開本的《隨筆》確實遭到了讀者的「反對」，它們的印數才出現了下滑。而為了迅速扭轉這種局面，它才又迅速恢復了原貌。恢復原貌順民心合民意，這才重振雄風，也才贏得了「南有《隨筆》」的讚譽。

現在來回顧《隨筆》這七期改版史，它的啟示無非是，做任何事情都應順民心合民意，否則就勞而無功。《隨筆》的改版如此，以後的《書城》也是如此。它的改版舉動更大，一下子就改成了八開本。如此大如報紙的《書城》，自然不利於保存，後果也只能以停刊告終。《隨筆》的改版如不迅速收兵，結果也不容樂觀。有此經驗，儘管讀者將雙月刊改為月刊的呼聲頗為強烈，它也未肯輕舉妄動。從這一點也可看出，如把改版比作整容，確實應當慎之又慎。如果只是為跟風而整得面目全非，那難免就會遭遇「眾叛親離」。

《紅旗》創刊號值多少錢

「《紅旗》創刊號值多少錢？」這個問題是一位網友提出來的，與之相同的還有《前線》創刊號價值幾何等問題。這的確是收藏者們十分關心的問題，也是個很難回答的問題。因為它因人而異，因地而異，也因時而異。話雖如此，但從各個出售舊書刊媒體所刊出的相關資訊中，還是可以從共同之處，總結出判斷的規律。有了這把共同的尺子，再來衡量《紅旗》創刊號，它價值幾何的問題也就有了答案。

對於一個創刊號收藏者來說，判斷一種創刊號價值的標準，主要有四條：一是出版年代，二是印數多少，三是刊物類別，四是刊物名氣。在此四條標準中，如果前兩條各占三十分的話，那後兩條則各占二十分。按此四條標準所占分數，就可對任何一種創刊號的價值多少做出一個大概的判斷。

說完判斷創刊號價格的標準，也就可以為《紅旗》創刊號來進行打分了。它創刊於上世紀五十年代末，時間不長也不算短，取其中打個十五分；它的印數太大。這源於它的名氣，就是在「文革」中也免受劫難，現在的存世量依然巨大。「物以稀為貴」，反之則賤，這條規律，對於收藏品更為適用，因此只能給它打五分；它為理論性刊物，按類別只能打五分；它名氣太大，刊名題字又為「毛體」，故凡收藏者都以有它為榮，所以給它加五分，即此條為二十五分。綜合起來，它共得五十分。如以建國後的創刊號滿分為百元計算，它的價格一般為五十元。當然，這也是按一般規律而言，因人、因地、因時，還有品相的好壞和精裝單冊的區別，它當然還會有浮動，這就另當別論了。

然而，有的賣家卻不明此理，認為它奇貨可居。在網上拍價竟高標五百元，無人問津後屢降屢拍，最後終以六十元成交；也有的賣家將全套《紅旗》標價兩萬元出售，兩千元尚無人問津，它除了束之高閣，那也就只待有幸能遇上個發燒友了。明智的賣家漸知此理，他們也與時俱進，網上一般標價都在四、五拾元之間。但相比之下，它還是不如《上影畫報》之類的創刊號搶手，原因當然還是它的存世量太大了。清楚了《紅旗》創刊號的價格，其他如《前線》等創刊號的價格問題，也就能迎刃而解。它們也和舊書報一樣，都是按此四條標準，來決定它們各自的價格。

《人物雜誌》有滬版

寒舍存有從復刊至終刊的《人物雜誌》，它由上海出版，如與渝版而論，就可稱為滬版。讀完〈早期的《人物雜誌》〉，因作者在文章中只稱它：「自第一卷第五期遷至重慶出版，第二卷第十二期後又遷回上海出版，此時版面已改為十六開本」，沒提渝版和滬版的區別，說法略有出入，也來簡單介紹兩句，權且算作一點補充。

《人物雜誌》分為渝版和滬版兩種，兩版內容還不盡相同。滬版在第六年所出第四期之前，也就是從復刊的一二期合刊號開始，以及在三四期和五六期合刊號封面上，都印有「滬版」二字，以此做為它與渝版的區別。同樣，這六期的文章也都是渝版的精選。因此，在五六期合刊號〈編者的話〉中，才這樣寫道：「到此時為止，本刊滬版一直是翻印渝版以前的紙型，內容顯得陳舊。從第五年第七期起（十月份出版），滬渝兩版的期數開始扯平，出版日期也可能接近。」從〈編者的話〉中還得知，渝版是一九五〇年四月復刊的，這也是滬版為何連出三期合刊號的原因。除此之外，在每期版權頁上，它都印有兩個編輯部的地址：重慶是七星崗德興里七三號，上海是虹口邢家宅路第十六弄四號。《人物雜誌》分兩地兩版，這可確證無疑。

滬版《人物雜誌》，它在總期號記數上不論卷而論年，這也與作者文中所說不盡相同。它的復刊號一九五〇年八月一日在上海出版，封面上除標有「上海版復刊號」，還標有「第五年第一、二期合刊」和出版日期。此後它每期封面都標有第五年和第六年的年份。從作者文中所示書影來看，它所標識的一九四七年，據我猜想，這也可能是標識已出版為第二年之意，因它創刊的一九四六年為第一年，並不代表第二卷。是否如此？或者是它與渝版區別的另一個標誌，這就請作者和知情者來賜告了。

滬版的辦刊宗旨也與作者所說不同。作者說《人物雜誌》的辦刊宗旨是「表揚好人，批評壞人」，滬版則是「記述真人真事，結合理論實際」，兩者區別太大。滬版這則「廣告語」，自第五年第七期至第九期，都刊於它封面的中心位置，可見編者的重視程度。對此，編者在第五年第五六期合刊號〈編者的話〉中說：「很顯然的，我們這個刊物主要的缺點是戰鬥性不夠，不能完全滿足讀者群眾的要求。」為什麼會這樣呢？「本刊已發表的作品中，有些是沒有什麼意義或意義很少的，而那些配合著新聞而寫的文稿，大部份都是不痛不癢的。」為了改變這種狀況，「把這個刊物辦好」，他們還拿出一套整改計畫，刊於此期封底。其實，在復刊號〈徵稿簡約〉中，它就已經有了這種意向：「本刊以根據馬列主義的立場觀點和方法，介紹或批判古今中外人物之生活與思想為中心，其他有關傳記文學理論之闡發及評介傳記名著等文稿，均所歡迎。」這就是說，「表揚好人，批評壞人」辦刊宗旨，可能是渝版《人物雜誌》的特色，或者在創刊之初是如此，與滬版無關。如果是用僅有的這一期特徵特性，來作全份刊物的概括，那就未免有點輕率。因為它隨著時代的變遷，主編的更換，都會發生變化，有的甚至是改弦易轍。它出刊六年，不會固定不變，也在與時俱進，從滬版的辦刊宗旨，就可證實這一點。

滬版《人物雜誌》還有個不一樣的地方，是它在每期版權頁上，都注明的創刊日期為一九四六年一月，也無有總期數編號數字。而在作者文中，除稱它是「二月創刊於上海」，還說它「直至一九五一年六月停刊，共出六卷七十二期」，這就有點讓人心生疑竇。它為月刊，只有六年中一期不差都出全，才能與他所說的期數相合。但他說「二月創刊」，即意味著它在此年先少出了一期，「六月停刊」又少了半年為六期；這還不算，它在第五年第九期刊出啟示：「本刊休刊一月號」，就又少出一期；到了第六年又因由滬遷京，又停出一期，這在第六年第四期封底刊也有啟示為證。如此算來，僅復刊後這兩年它就少出了八期，如復刊前它不曾出過半月刊，有八期之數來補這空缺，這共出「七十二期」之說就難以成立。當然，作者所說的可能是渝版出刊之數，而我所說是滬版，結果也就是兩個樣子了。

但《人物雜誌》不管渝版還是滬版，它們確實是「信息量還是很大的。」這從滬版十三期的一些重要文章就可以看得出來。如復刊號上的〈北京市人民市長聶榮臻〉和〈朱德將軍的母親〉，二、三期合刊號上的〈陳毅將軍談片〉和〈人民作家趙樹理〉；五、六期合刊號上的〈毛主席在戰鬥中的故事〉和〈陳望道先生二三事〉；七期的〈解放前後的黃宗英〉、八期的〈魯迅禮贊〉和九期的〈記朱競我同志〉；還有第六年第一期的〈趙丹的藝術生活道路〉；第四期的〈王震將軍和他的英雄部隊〉；第五期的〈革命先驅者李大釗〉和第六期的〈川劇名演員周慕蓮〉等，都展示了一代風流人物的丰采。而這些文章健在的作者，據我所知，就有侯井天寫的《謝良同志訪問記》，黃宗英的《我的轉變》，還有蕭鳳的《時刻準備著的人們》，也可見證他們的為文之路。這些文章不僅「至今仍可參考」，也都是難得的資料。但需要指出的是，第七期所刊〈警長萬里雲的轉變〉為文藝作品，並非真人真事，曾遭受置疑。如只有此期，還用它為證，那就一定會出笑話。這就是藏全份與有一期的區別之處。因此，寫刊話應有一期就說一期的話，千萬別「舉一反三」，那會誤人害己。

《北京文藝》相聲多

每家刊物都有自己的風格和特色。如問起由老舍先生主編的《北京文藝》風格和特色，它是戲劇作品多，曲藝作品多。在曲藝作品中，相聲作品就更多。

說《北京文藝》戲劇作品多，有《龍鬚溝》、《蔣杆河邊》、《紅岩》和《海瑞罷官》等，它們都曾經轟動一時；說它的相聲作品多，不能說期期都有，但在每年發表的作品份額中，都佔有顯著比例。口說無憑，舉目為證。

在它一九五五年的創刊號上，就發表了馮不異和孫秀汶合作的《住醫院》。以後各期還有王國祥的《思想問題》，陳湧泉和張善增的《盜運糧食的人》，童樂春的《花錢的能手》，木舟的《老提綱》，郎德澧的《不遵守交通規則的人》等作品，它們都從各個角度，通過各種實事，批評和鞭韃了社會上的醜陋現象和落後人物，配合了當時的宣傳任務。

以下各年的相聲作品，按它們發表的時間來作前後排序：《三請活諸葛》、《對春聯》、《打蘭球》、《「右記」企業》、《艾克和人造衛星比賽》、《紅十月裏寫春聯》、《「自我批評」家》、《請客》、《修渠》、《掃蕩五氣》、《學天橋》、《打破常規》、《東風壓倒西風》、《神仙辭職》、《「侵略」和「間接侵略」》、《社會主義好》、《多面手》、《我也去》、《十個頭一年》、《繞口令》、《伸手派》、《好傳統》、《推了一車又一車》、《興奮地參觀》、《一封信》、《大水壺》、《打炮》、《買帽子》、《一頓飯》、《比武會》、《分秒必爭》、《硬》、《好事多》、《大相面》、《白字知縣》、《十一號服務員》、《新年愉快》、《拳擊足球》、《辦喜事》、《曆書與黃曆》、《石油與生活》、《一比嚇一跳》、《為您服務？》、《給豬打針》、《這山望著那山高》、《接骨專家》、《採訪》、《八十兒進京》、《小畫家》、《包包兒記》、《魚水篇》、《我們都在前進》、《「朝」式性傳染病》、《毛澤東時代的好青年》、《夜班車》、《養豬迷》、《誇師付》、《槍》和《比日記》等。篇目如此之多，這只是它其中的一部分，並未將一九五〇年創刊的《北京文藝》，到一九五五年停刊的《說說唱唱》的作品包括在內。因此說，在眾多刊物之中，除了《曲藝》雜誌，若論發表相聲作品的篇數，無有能敢與它爭雄者。

以上這些作品的作者，除了侯寶林、劉寶瑞等相聲名家，大多都出自除工農兵業餘作者之手；此外，還有吳曉鈴先生和老舍先生的作品。而老舍先生的作品就有《掃蕩五氣》、《神仙辭職》和《新年愉快》等多篇。在《掃蕩五氣》裏，他針砭了社會上一些人的傲氣、官氣、暮氣、闊氣和嬌氣。對「不想躍進，光想進棺材」的暮氣、「專講鋪張浪費，不知克勤克儉」的闊氣、「不甘居人下，總想與眾不同」的傲氣、「架子十足，酸而且臭」的官氣、「聯手上札刺也要照 X 光」的嬌氣思想，都以誇張的手法進行了諷刺，讓人們在笑聲中分辯美醜，也起到了「寓教於樂」的作用。正是得益於他這位幽默大師對相聲的厚愛，才使它們之中有了相聲墊話、傳統相聲、化裝相聲等多種藝術形式，在寫作風格和表現手法上，也有了大膽創新和嘗試，真可以說是品種繁多，百花齊放。除此之外，它還發表了很多篇關於相聲創作和表演的研究文章，如吳曉鈴的《略談相聲的創作問題》，侯寶林的《關於相聲問題的解答》和《談相聲藝木的表現形式》，以及馮不異的《充分發揮相聲的藝術表現能力》等，都對相聲的普及提高，起到了重要作用。相聲能面貌一新，並很快受到群眾的歡迎，《北京文藝》功不可沒。

那麼，《北京文藝》為何能對相聲情有獨鍾呢？這主要是得益它的辦刊宗旨。在由老舍所寫的〈發刊詞〉中，就明確指出：「在文字上，《北京文藝》將力求通俗。無論是創作，還是理論，我們希望在文字上都能夠作到簡明淺顯，容易閱讀。」「對於以說唱形式寫成的作品，我們也願意刊登，因為這種形式的作品在宣傳教育上還能起很大的作用。」另外一個主要原因，是老舍對相聲的喜愛。他不僅愛聽能演還能寫，在中國近代著名作家中，創作曲藝作品數量之多，無人能與他比肩。解放後他回到祖國，就深入到天橋的藝人之中，著手對相聲進行改進工作，還創作了《家庭會議》，發表在《北京文藝》一九五一年第五期。正是他在繁榮相聲上花費了大量心血，他這位辛勤的園丁，才被譽為是新相聲的引路人和開拓者，《北京文藝》也就是他耕耘的園地了。

《北京文藝》相聲多，它們有的已成了經典，讓人百聽不厭。現在我們在欣賞時，是不該忘記它這個相聲的百花園，更不該忘記老舍這位辛勤園丁。今年是他一一〇周年的誕辰，特以此小文來表達對他的敬意。

關於《文藝哨兵》

拜讀了發表在《藏書報》上的〈談談《河北文學》〉一文，也來談談關於《文藝哨兵》的創停起止。因為作者在提到《文藝哨兵》時，將它與《蜜蜂》、《河北文學》進行了錯誤的對接。

《文藝哨兵》一九六〇年四月一日創刊，一九六一年三月一日停刊，並非「出至一九六一年四月」；另外，它也不是「共出十二期」，而是九期。這裏須應指出的是，所說出了九期，是按版權頁「原文照錄」，三期之差，是它將六與七、八與九和二與三這三期合刊號的期數，都按一期來計算了。它的辦刊宗旨是什麼？按《稿約》中的話說是：「綜合性文藝理論刊物」，這就與《蜜蜂》文學刊物的性質，有全不相同的區別。正因為性質不同，它在創刊後兩個月期間，《蜜蜂》還在照常出刊，一直出到一九六〇年六月才宣告停刊。如果它們有前後延續相連的關係，那就應當在創停之間的時續上來相互順延，而不是同時並行。關於《蜜蜂》的歸宿，這在〈《蜜蜂》《新港》聯合啟事〉中，說得非常清楚：「為了發展和繁榮社會主義文學創作事業，並與《文藝哨兵》等兄弟刊物適當分工，我們兩個刊物自七月起合併，繼續出版《新港》，仍由中國作家协會天津分會主辦。」啟事在兩刊一九六〇年六月號同時刊出，七月予以並刊，保持了它在時間上的傳承有序。這同時也表明，它與《文藝哨兵》的關係是「分工」，而不是合併。

《文藝哨兵》因屬於文藝理論刊物，它的欄目分別有〈文藝短論〉、〈作品推薦〉、〈春花朵朵〉、〈青年之友〉和〈工農兵論文藝〉等。它也發表了幾首短詩，多為配合政治時勢的作品。但它在停刊號上卻發表了長詩〈金不換〉，並在〈編者按〉中說：「從這一期開始，本刊將連續刊載田間的長詩〈趕車傳〉第六部〈金不換〉。」但因為它隨後就停刊，「連續」也就成為了斷檔。

《文藝哨兵》因版權頁除總期數和印數，其他均一無所有。為此，五年前我還寫信向劉哲先生求教。他是此刊的編輯部主任，就我所提問題，分別作了解答：一、主編是萬力；二、刊名題字是從魯迅書信中摘錄的；三、當時文藝界正在批判十九世紀「修正主義」文藝思潮，清算舊文藝思想，才創辦了這個刊物，所發作品也多為南開大學、河北大學等中文系院校師生的文章。時過境遷，這些批判都成了一筆糊塗帳，沒多少積極意義。此外，他還就《蜜蜂》與《新港》分與合，談了自己的看法。《蜜蜂》的主編是田間，副主編劉文彬，編委是田間、劉文彬、遠千里、李滿天、梁斌、康濯和張樸，跟他和萬力沒有任何關係。因此，他最後才落腳到了花山出版社。從這些直接與間接材料都可證明，《蜜蜂》與《文藝哨兵》是兩條路上跑的車，不應當將它們強行「拉郎配」；正是先有這強行「拉郎配」，也才導置了將它與《河北文學》的錯誤對接。

據知情人稱，《文藝哨兵》這個刊名，還曾受到周揚的稱讚。明乎此，也就明白它在批吳雁的《創作需要才能》時，火藥味為何那麼足了。就因它「沒多少積極意義」，有人標高價出售卻無人問津，這也證明了藏刊人很識貨。

今朝說《今朝》

記得《藏書報》上有一篇文章，說藏書就是個「慢」。如此見識，非經長年摸爬滾打方能悟道。藏書須緣份，緣份可遇而不可求，只能在慢中相待。從買《今朝》創刊號，到今年購得終刊號，中間竟然相隔了三十多年，真是一個「慢」字了得。晚來緣份更可貴，也就頗值一說。

《今朝》一九七五年五月創刊出版，是《天津文藝》之後的一種大型刊物。說它大，如果把一九五七年的《收穫》排為頭一把金交椅，那它就是第二位。《朝霞叢刊》雖然比它早兩年，但嚴格來講不太純正，就無評比資格。它第二期於一九七五年十一月才出世，第三期則在一九七六年四月，而第四期則是一九七六年五月，相隔時間非長則短，也算是那個年頭所出期刊的一大特色。

《今朝》小說欄目中的開篇之作，是蔣子龍的〈進攻的性格〉。它也屬於工業題材，人物和情節也與他的成名作《喬廠長上任記》相似，主人公都是敢打敢拼的硬漢。這當然也與他本人的性格相同：滄州武術之鄉生人，有過軍旅生活的磨煉，辦事特認真，還一絲不苟。作家王成啟在《文壇俊傑亦師友》中，記述他在文講所的一件小事：有一天文講所組織學員去旅遊，說好了集合時間。但由於玩的高興忘了時間，或者根本就沒把這當回事，結果只有他一人按時而歸。侍人終於都到齊時，「蔣子龍氣得臉色鐵青，吼道：『文講所沒紀律！』，一句話說得滿車人都不作聲」。由此可見他的個性。文如其人，小說人物他也就都寫的見棱見角。

蔣子龍是小說家中的佼佼者，在當年的天津作家群中，他也是一位叱吒風雲的主將。《天津文藝》一九七二年創刊，他的〈三個超重工〉就發在「頭版頭條」。此後，〈機電局長〉等中短篇小說，一篇接一篇，也篇篇讓人為之傾倒。這也是三十多年來，我一直在搜求這冊第四期《今朝》的原因。這除了想搜全他的作品，也是想將它配成全套。唐山地震後郵路中斷，報刊也隨之斷了線，它也未能如期而至。失之容易求之難，以後就再難見到。後來知道「幫書幫刊」都在銷毀之例，對它也就不再抱有希望。拿到它後一翻目錄，都是《小靳莊詩歌選》一類的玩藝兒，被銷毀也真是「罪有應得」。而我還能撿到它一個「漏」，也真是緣份不淺。

說起來，得到它也純屬偶然，有一天閒來無事，就心血來潮地在孔網上又搜了一回，但讓我驚喜的是，它立刻就出現在眼前；而更讓我驚喜的是，它標價竟然只要兩塊錢。在我看來，它至少應再加上個零，或者再貴一點，也會毫不猶豫地先下手為強。它有一期慶十大召開所出增刊，僅二十頁就拍價二十，平均一頁一塊錢，我還毫不手軟呢。它厚達三百多頁，其價真可以說是一個天上一個地下，當然就如獲至寶了。對於愛書人來說，書的厚薄與價的高低並無關係，當買則買，該棄則棄，只憑興趣而定。但貪圖便宜卻有著共同心願，愛書人關於選書的微妙心理，那也是一言難盡吶。

得到這期《今朝》，卻無蔣子龍的小說，心中不免有些失落。讀《我是蔣子龍》，才知他此時因在《人民文學》上發表了〈機電局長的一天〉，被當做為鄧小平右傾反案風張目正遭受審查。遭此不測，那還有心思寫東西。二十多年後，他在《隨筆》《文苑群星》上所寫夫子自道，就是對此所作總結：「我喜歡關注現實，而現實常常並不太過關注它的文學——我的種種快樂和尷尬全在於此。」

這恐怕也是他改寫隨筆和雜文的原因，而筆鋒依然直捅現實中的軟肋，可見他癡心不改。而長篇小說《農民帝國》的出版，又證明他寶刀不老。

《今朝》與《朝霞叢刊》不同，它基本上都是天津作者的作品。現在看來，所發作品當然是乏善可陳。樹倒猢猻散，它的作者除了蔣子龍，現在已都不在此行混飯。江山代有人才出，各領風騷數百年，只有在那個特定的年代，才有了他們的曇花一現。然而，凡是存在的東西都是合理的，作為那時的一種大刊，作為那個特殊年代的一個文學標本，它也有存在和研究的價值。尤其是對於關注和研究蔣子龍的人來說，更是必不可少的第一手資料。儘管四期《今朝》，只有蔣子龍的兩篇作品，它依然一書難求，可見它的收藏價值魅力。「裝點此關山，今朝更好看」，《今朝》在今朝，也應刮目相看，而隨著時光的流逝，它還會增加身價。

老舍與《北京文藝》

《北京文藝》一九五〇年九月十日創刊，至今已走過了六十年歷程。它初創之時，雖然只出十四期，就停刊與《說說唱唱》合併，但老舍的心情卻是一片蔚藍。

《北京文藝》出至一九五一年十一月一日停刊，共計十五個月，它為月刊，因休刊一個月，才出十四期。「我們可以運用這一個月的時間，做好兩卷的自我批評，總結一年來工作經驗；鞏固、發揚工作上的即得的成果，糾正工作中錯誤和偏差，做到真能貫徹中央宣傳部的指示；做到和《文藝報》中〈關於地方文藝改進的一些問題〉的基本精神相符合。」從〈編後記〉的這段文字中可知，老舍編刊，始終與中央要求保持一致，它也就沒出過任何偏差。

《北京文藝》的辦刊宗旨：共有「四個重點」：一、「努力反映首都的生產建設」；二、北京「逐漸由消費城市轉變到生產城市，在這個轉變期中有許多現實需要我們來表現」；三、「北京的特色之一是學校多，學生多」，「本刊在將來隨著經濟高潮而來的文藝高潮裏」，為學生創作「也盡一些力量」；四、「舊戲曲的改革，在當前是件極重大的事。」「本刊不單要介紹新編的與改編的戲曲，也要特別注意提供戲曲改革的意見，與演出後的批評。」這四項辦刊宗旨，正是老舍要為新北京做宣傳的迫切心願。

有此心願，創刊號發表的話劇《龍鬚溝》，就成為老舍表達「五福臨門」喜悅心情之作，他為此還榮獲了「人民藝術家」的稱號。

林斤瀾說:「到一九五五年反胡風之前,老舍的心情可說一片蔚藍。(見《林斤瀾說》第一八一頁)」這是對老舍最經典的總結,也是老舍當時的最佳寫照。有此蔚藍心情來編《北京文藝》,當然是一路風光,好評如潮。

《龍鬚溝》自創刊號開始連載,到第三期結束。此後,老舍又依次發表了《怎樣寫快板》、相聲《家庭會議》、《美國的精神食糧》、《散文並不「散」》、《怎樣寫通俗文藝》、《對於觀摩演出節目的意見》、太平歌詞《慶七一》、《劇本習作的一些經驗》、《態度問題》和四幕話劇《一家代表》。可惜《一家代表》只連載了兩期,老舍借《北京文藝》改名《說說唱唱》之機,將它不動聲色地腰斬了。

此外,老舍還主持和出席了《戲曲改革問題座談會》和《詩歌朗誦座談會》,並做了總結性的發言。因此說,《北京文藝》期期都有老舍的文章。這除了表明老舍寫作勤奮,也體現出他寫作《態度問題》有了新的飛躍:「由熱愛人民,尊重人民的態度出發,去為人民寫作。有了這個態度,我們才能明白,原來為人民寫作的準備工夫是我們得向人民學習,而後才能認識人民,才能寫出好東西來。」認識有了飛躍,老舍才有了努力「配合」的動力:「我受了感動,我要把這件事寫出來,不管寫得好不好。我的感激政府的熱誠使我敢去冒險。(《龍鬚溝寫作經過》)」士為知己者死,老舍此時所具有的這種心態,就是報恩。

為了報恩,老舍還願意為「配合」宣傳來「趕任務」。在《劇本習作的一些經驗》中,老舍就對嘲諷「趕任務」者,給予猛烈回擊:「趕任務不單是應該的,而且還是光榮的。」這是為什麼?老舍有他自己的充足理由:「別人不趕,我們趕,別人就沒有成績,而我們有成績。趕出來的作品不一定都好,但是永遠不肯趕的,就連不好的作品都沒有。我們不應當為怕作品不好,就失去趕寫的勇氣和熱情！」憑此勇氣和熱情，老舍才趕寫出那麼多的作品。老舍要用手中這只筆，甘當宣傳新北京的新「寫家」。

《北京文藝》在創刊之前，曾開門招賢納士之舉。汪曾祺就是經人舉薦，才有幸來到老舍麾下「當差」。他在此發表了《一個郵件的復活》、《丹娘不死》、〈趙堅同志的《磨刀》和《檢查站》〉，顯示了他的文學才華。為此，老舍就當眾說過這樣的話：「在北京作家中，今後有兩個人也許可能寫出一點東西，一個是汪曾祺，另一個是林斤瀾（同上）。」他和林斤瀾被譽為「文壇雙璧」，也證實了老舍的非凡眼力。

說起來，得到老舍呵護和栽培的作家，又何止這對「文壇雙璧」？鄧友梅、浩然，還有趙堅和高延昌等眾多文藝幼苗，都在這塊沃土上，長成了參天大樹。趙堅在第九期發表了《磨刀》，〈編後記〉就鼓勵有加：說他寫的乾淨俐落，比《陳玉梅上墳》前進了一大步。老舍在發現和培養新作家上，心情也是一片蔚藍。

老舍心情一片蔚藍，觀念也特別新潮。在一次發言中，老舍就慷慨激昂地表示：「我本是個無黨無派的人。可是，我今天有了派。什麼派呢？『歌德派』。（見《林斤瀾說》第一百七十七頁）」有此心態，《北京文藝》才辦得紅紅火火，有的作品拍了電影，有的被選入《工人優秀作品選》，在文藝期刊中獨領風騷。它還走進了政務院。政務院就是現在的國務院，能來此處，可見身價不凡。

《說說唱唱》出至一九五五年三月停刊，一個月後，《北京文藝》復刊。老舍雖然還為主編，但心情卻不再是一片蔚藍了。此為後話，不說也罷。

從《處女地》到《文藝紅旗》

在〈對《東北文藝》、《鴨綠江》沿革的探索〉（見第五期《藏書報》）中，林輝英先生說清楚了一個很重要的問題：「《東北文藝》和《鴨綠江》是兩碼事，不能相提並論。」如果不將這兩種級別不同的刊物身世搞清楚，《鴨綠江》的創停起始還真是越說越糊塗。但林先生也犯了同樣的錯誤，他亂點鴛鴦譜，錯讓《遼寧文藝》與《春雷》之鳩，強佔《處女地》和《文藝紅旗》之巢，鬧得人一頭霧水。為避免以訛傳訛，就細說一回《處女地》和《文藝紅旗》的創停起始。

《文學月刊》自一九五七年一月起，改刊為《處女地》。在〈致讀者、作者〉中，它第一句話便說：「《文學月刊》以《處女地》這一新的刊名與大家見面了。」這就表明，一九五五年七月創刊的《文學月刊》，已將接力棒轉交給了《處女地》。《處女地》出至一九五八年底停刊，又轉交給《文藝紅旗》，然後再轉交給《鴨綠江》。清楚了它們的傳遞沿革表，也就清楚《遼寧文藝》、《春雷》和《文學青年》，與《鴨綠江》風馬牛不相及。它們看似同出一門，其實沒有任何血緣關係。在《處女地》改刊號封底，就刊有《遼寧文藝》的訂閱廣告：「《遼寧文藝》從今年起改為月刊……每期還刊登內容生動的劇本、相聲、說唱、歌曲等演唱作品。」於此便知，它倆一是純文學刊物，一是演唱類雜誌，不可混為一談。「一山不容二虎」，遼寧省文聯也絕不會有倆會刊。

改版後的《處女地》,「關鍵在於提高刊物的質量」。這是它改版目的和辦刊宗旨,也是「雙百方針」新形勢下的與時俱進。老作家錫金在詩歌《處女地贊》中,高唱「我們看見了的是又一個時代的卓越今古的輝煌」,就是對它美好前程的讚美。它在《新自由談》專欄中發表的〈隨感二則〉、〈談談標準〉等六篇雜文,也表明「將從阻礙文藝批評開展的一些清規戒律中解脫出來。」但從第八期起,這些雜文在反右中幾乎全軍覆沒,連編委單復也不能倖免。《處女地》有編委八人:文菲、蔡天心、魯坎、孫芋、代言、單復和蕭賁,文菲任主編。反右後經過改組,主編未變,編委卻減少二人,只有文菲、蔡天心、孫芋、代言和蕭賁了。

東北作家實力雄厚,在《處女地》發表小說的老作家就有馬加的《杏花開,種棉花》、萬憶萱的《黃昏後》、沫南的《冰上》、韶華的《在天空飛翔的眼睛》、崔璿的《迎接朝霞》、師田手的《最迫切的要求》、蔡天心的《渾河的風暴》、羅丹的《風雨的黎明》等,在當時都頗有影響。此外,有影響的作品還有叢深、李赤的電影劇本《徐秋影案件》、詩人蔡其嬌、孫敬軒等人的作品。文壇新秀吳夢起、楊大群、胡昭、鄧友梅等人,也都在此一展風采。鄧友梅的《致讀者和批評家》,就是對獲獎小說《在懸崖上》所作的答覆。但「成也蕭何,敗也蕭何」,他卻因它而蒙冤,還被發配在鞍山市文聯進行改造,也算是一段奇緣。

〈創作最新最美的作品,迎接建國十周年〉,是《文藝紅旗》改刊號的社論,也是它的辦刊宗旨:「文藝上拿出好作品,並不止是專業作家的事,也是一切工人、農民、和各行各業的全體職工的事。」這是它配合大搞群眾文藝創作運動的行動,也是對「拔白旗,插紅旗」運動的表態。有此,它增加了〈萬噸巨輪破大海〉、〈東風的凱歌〉、〈人民公社處處春〉、〈金色的北大荒〉等頗具時代特色的欄目。但時過境遷,這些作品也就成了過眼雲煙。而那篇〈從《茶館》與《紅大院》談老舍創作中存在的問題〉，將老舍包括《龍鬚溝》在內的話劇，說成是「還停留在革命民主主義的思想水平上」，其「拔白旗」的蠻橫勁，真讓人瞠目結舌。

但它有些作品，現在還頗具可讀性。尤其是長篇小說，有的還是魅力不減當年。馬加的《紅色的果實》、曲波的《山呼海嘯》、蔡天心的《大地的青春》和林予的《雁飛塞北》，都頗受好評。尤其是曲波的《山呼海嘯》，至今還受到收藏者的熱捧。

在《文藝紅旗》改刊號版權頁上，除註有編委名單，還註有〈原名《處女地》〉，總期數為第四十三期。《處女地》從改刊第二期開始，在版權頁上標示總期數，此期為總第二十期。這就是說，《鴨綠江》的總期數，是從《文學月刊》創刊號開始計起，並未將《文學叢刊》包括在內。它的第一任主編是思基和井岩盾，編委有馬加、文菲、井岩盾、石果、思基、崔璿和蔡天心。以後主編又由思基改換為江帆、崔璿和申蔚三人，編委也不斷的走馬換將。由此可知，在「拔白旗，插紅旗」中，編輯的日子也不好過。但從一九六一年它不再用實名制，對他們還有無變動，就不得而知了。

《文藝紅旗》出至一九六二年第九期停刊，改稱《鴨綠江》。在〈致讀者、作者〉中說：「本刊從下一期，便要以《鴨綠江》的新面貌和你們見面了。」「《鴨綠江》除了接受《文藝紅旗》的經驗，將進一步發揮地方刊物的特色，希望作家、藝術家和業餘作者們，更多地反映本省工農業以及其他各方面的建設、人民生活、人物、風貌等等，使刊物更富有地方特色。」從此，《文藝紅旗》就在總第八十六期，畫上了一個完美的句號。《鴨綠江》也就將從下一期開始，來展示它新的丰采。

說完了《處女地》和《文藝紅旗》的創停起始，再順便說一句，《東北文藝》應分為解放前後的兩個時段。要說《鴨綠江》的歷史沿革，應從一九五〇年創刊號說起，這才能還原它的本來面目。但花開兩朵，先表一枝，欲聽《東北文藝》的始末，且等下回分解。

《上海文學》的歷史沿革

《上海文學》的沿革史，應當從哪一天寫起？它既不是《文藝月報》，也不是《文藝新地》，而是《小說》月刊。這也就是說，它的起點時間是一九五〇年十一月二十日，而它的第一任主編也就是靳以。

何以為證？

且看《小說》月刊第四卷第五期的〈編後記〉：「從本期起，《小說》月刊改由中華全國文學工作者協會上海分會編輯，做為上海文協的會刊了。因此，我們要求上海文協的會員同志們，大力支持，供給我們稿件，並對本刊經常提意見，使本刊在大家的幫助之下，不斷地進步。在內容方面，也不限於小說及小說論文與批評，凡是文學作品我們都歡迎。」

此篇〈編後記〉寫於一九五〇年十一月二十日，從這一天開始，上海文協有了自己的會刊，會員們也有了自己發表作品的園地。上海解放後，在一九四九年十一月十八日就召開了第一屆文代會。但由於當時條件所限，還不能著手創辦自己的刊物，這才來了個借雞生蛋。有此，上海文協會刊的出版時間提前了一年，與全國保持了同步，還使《小說》月刊獲得新生，真是雙贏之舉。

一九五一年二月一日，由陳毅市長題寫刊名的《文藝新地》創刊出版，《小說》月刊也完成了它代刊的使命。《文藝新地》沒有發刊辭，但夏衍的《鼓舞起愛國主義的熱情，描畫出新中國人民的英雄形象》，卻為它指明了辦刊方向：「我們的寫作範圍不妨儘量的擴大，我們不能用一定的寫作標準來要求各種生活、教養、才能不同的作家，因此，一切作品只要是鼓勵新的，反對舊的，鼓勵進步的，反對落後的，鼓勵勇敢的，反對懦怯的，鼓勵愛國的，反對不愛國的，發揚我們民族優秀品質的，憎惡反動統治留給我們的野蠻、落後、愚昧、殘酷的，我們都要給他們以應有的評價與肯定。我們不僅要寫『事件』，而且著重的要寫『人物』，我們不僅要寫現在，而且要寫將來，不僅要善於描寫今天的現實，而且要善於幻想必然要到來的明天。我們要求的文藝作品並不是無色無臭的蒸餾水，我們要求的也不是只能強制地注射靜脈管去的葡萄糖注射劑。我們要求的是各種各樣的、新鮮的、有色有香有味而又有營養的精神的食糧，而今天，這樣性質的文藝作品的題材、人物、事件，卻已經逼人而來，等待著我們去採摘了。」這是他在上海市召開的文聯創作委員會所作發言，時間是一九五〇年十二月三十一日。從它所體現出的包容性，也就可知，為何第一屆文代會還有張愛玲來參加了。

《文藝新地》為十六開本，前後共出十期，每期印數僅五千多冊。它前四期由馮雪峰和唐弢任主編，馮雪峰調京後改由巴金和唐弢。有了自己的園地，上海的文藝工作者都在此一展手采，外地作家也爭相加盟。他們發表的作品有：陳白塵的《關於新愛國主義》、柯蘭的《上海文藝界抗美援朝創作運動小結》、陳煙橋的《充實現在豐富未來》、方令儒的《寄》、郭紹虞的《慰問傷員》、靳以的《第二封信》、巴金的《華沙城的節日》、師佗的《大毛》、雪峰的《創作隨感》、魏金枝的《兩個寺院的變化》、徐開壘的《有一天晚上》、劉友瑾的《飯燒焦了》、君里的《目前山東秧歌劇的幾個問題》、李健吾的《毛主席的文藝先鋒》、孫道臨的《永不能忘的記憶》、黃宗英的《憶列寧格勒》、白危的《調解》、戈振纓的《今天要由咱當家》、菡子的《兒子》、劉劍青的《轉折》、許傑的《廓清混亂思想的根本》、唐弢的《缺乏政治的敏銳性和嚴肅性》、金近的《牆頭上的黑影》、艾明之的《保證》、劉北汜的《去平壤的路上》、谷斯範的《無堅不摧的鐵流》、李瑛的《在朝鮮戰場上》、王若望的《搶救棉田》、唐湜的《新的歡呼》、林辰的《魯迅與自然科學》、鄭奠的《魯迅先生與女師大》、孫伏園的《十九世紀八十年代》、哈華的《訪問山東、皖北、蘇北紀事》、張羽的《烈屬林維鑒老人》、蕭岱的《幸福》、潘漢年的《學習蘇聯電影工作的先進經驗》、李霽野的《川西的封建魔窟》，以及艾以的《在生活中煅煉》。艾以曾在此任理論編輯，此文其實就是他奉命所寫的停刊辭：「最近華東和上海組織了大批文藝工作者，參加了下廠、治淮和土改工作。」「這是一個值得慶賀的新氣象，也是一個爭取自我改造的好機會。」編輯們都下去進行改造，它也只能先停刊了。

這裏應說明的是，為節省篇幅，有很多作者只選了一篇文字作品，其他全都割愛。此外，它在第二期還出刊了〈柔石等五烈士殉難二十周年紀念特輯〉，除發表有〈被難烈士傳略〉，還發表了丁玲的〈讀殷夫同志詩有感〉等六篇文章；第八期則是〈魯迅先生誕生七十周年紀念特輯〉，它除發表了魯迅的一組照片、手跡和書影，還發表了許廣平的〈進入研究〉、沈尹默的〈憶魯迅〉、川島的〈魯迅先生和雜文〉、何春才的〈魯迅在廣州生活點滴〉、徐侖的〈魯迅和瞿秋白同志〉、柳倩的〈魯迅和他的先生〉、韋叢蕪的〈回憶魯迅先生〉，以及野夫的〈令人不安的回憶〉等文章。

《文藝月報》一九五三年一月十五日創刊出版，主編巴金，副主編是黃源和唐弢，編委有王西彥、石靈、雪葦、靳以、賴少其和魏金枝。它仍為十六開本，沒標印數也沒有發刊辭。在〈編者的話〉中，它闡明了自己的辦刊宗旨：「《文藝月報》主要以反映人民的鬥爭生活和推動各地的文藝工作為方針，以第一發表作品、第二登載理論批評為方案，以文藝工作幹部、大中學生和大中小學教員、機關幹部、有相當文化水平的工人與職員及其他自由職業者為主要的讀者對象。」有此辦刊方針，創刊號所發作品，也就按此選稿。三篇理論文章的作者都是大腕：夏衍、柏山和雪峰；三篇小說作者也都是高手：巴金、王安友和斯民。為了聽取各方面的反映，編委會還召開了座談會。座談記錄發表在第二期，參加者有周信芳、羅稷南和歐陽文彬等共三十人。周信芳嫌它定價三角五分太貴；歐陽文彬則感覺巴金的小說寫得不如以前好看了。還有人說它辦的有點像《人民文學》，這其實正是它的努力和追求，做為上海作協的機關刊物，唯有用這樣的標準來要求，才能體現它的水平與風格；而羅稷南所關心的是刊物詳情，唐弢也就實話實說：一是稿源不足，尤其是文藝作品更為緊缺，二是質量太差，大多都是學生腔。它其實早就在籌備創刊，就因稿源無保障才拖至現在。上海尚且如此，其他各刊也就可想而知了。

《文藝月報》出至一九五九年九月停刊，前後共出刊八十一期。關於它作品的成敗得失，且按下不提，這裏只說三件事，就知它的舉步維艱。第一件事是「拒載」，出現在一九五五年六月號，有人指責它，未能及時轉載《人民日報》所發表的〈關於胡風反革命集團的第三批材料〉。它六月十五日出版，七月七日《解放日報》就發表了批判文章，說它「在最關緊要的問題上發生了錯誤」。這一悶棍將編輯同仁全都給打懵了，它的聲譽也隨即一落千丈。最大的影響還是發行量，用巴金的話說：它一下子「從二十多萬份跌到了二、三萬份」，從此也就一直沒能緩不上元氣來。

第二件事是改版。借「雙百方針」東風，它從一九五七年第四期起，將原來的十六開本「瘦身」為十八開。「瘦身」使它顯得苗條秀氣、賞心悅目，是個很不錯的創意。做為敢開風氣之先的文化大都市，它也應當引領期刊開本的新潮流。然而不幸的是，它也如同《詩刊》毛邊本被人們當做半成品一樣，也遭受到了冷遇，再加上隨之而來的反右大潮，也就趕緊偃旗息鼓，不戰自敗，從第十期又恢復原狀。此事雖然沒有掀起大波瀾，但它也在警示那些銳志進取的辦刊人，別再癡心妄想。按步就班是不思進取，但想改革又是離經叛道。在張春橋、姚文元的陰影下，它已是無所適從。

第三是《論「文學是人學」》的發表風波。它發表在一九五七年第五期，是錢谷融的一部理論力作。它煌煌數萬言，通篇又以人為本，這也就捅了馬蜂窩。一時間烏雲壓城城欲摧，想置作者於死地。姚文元又充當了急先鋒，理論高手們也就紛紛在《躍進文學研究叢刊》等刊物上拋出重磅炸彈。然而俱往矣，它現在乃是熠熠生輝，而那些圍剿文字和〈《論「文學是人學」》批判集〉，卻早已成為了垃圾。《文藝月報》在風雨欲來之時，還敢發這樣有膽識的文章，也就可知它作品的內容和份量了。

從一九五九年十月一日起，《文藝月報》更名為《上海文學》，開始了它新的征程。它的創刊號也是國慶特大號，在〈編後記〉中還為特大號作了這樣的說明：「我們以平時一倍的篇幅獻給哺育我們的黨，獻給這偉大的節日，獻給廣大的讀者」；此外，它還發出了「爭取廣大的作家和各條戰線上的業餘作者和我們合作；爭取作品題材、形式、風格的多樣化」的召號，也讓讀者有了新的期待。但它的新編輯班子卻不在設置主編、副主編職務，而是改用了編委和執行編委制。它的編委者共有九人，他們是巴金、王道乾、以群、劉大杰、吳強、峻青、蒯斯曛、魏金枝和蘆芒；執行編委是魏金枝、以群和王道乾。

《上海文學》前後共出五十一期。這之中的看點，只有《藝海拾貝》、《文談詩話》和《雜文・散文》欄目中的一些文章，這是自一九六〇年十月起，巴金復任主編之後，才出現的可喜變化。而發表在一九六二年第五期頭版頭條的〈作家的勇氣和責任心〉，則是他的抗鼎之作。這是巴金在上海第二次文代會上的發言，也是他向張、姚文化專制者發出的一篇戰鬥檄文。他說：「我常常責備自己缺乏勇氣，責任心不強，但有時我也會替自己辯解，因為像我這樣不求有功、但求無過的人並不少。」這是為什麼？就因為怕挨棍子：「我有點害怕那些一手拿框框，一手提棍子到處找毛病的人，固然我不會看見棍子就縮回頭，但是棍子挨多了，腦筋會震壞的。碰上了他們，麻煩就多了。我不是在開玩笑。在我們社會裏有這樣一種人，人數很少，你平時看不見他們，也不知道他們在幹什麼，但是你一開口，一拿筆，他們就出現了。」他聲如洪鐘，話如利劍，句句直對在場開會的姚棍子。與會人員從來沒有聽到過如此舒心的發言，他們就用雷鳴般的掌聲來表示支持與讚賞。這是他們早就想說卻未敢說出的話。由巴金這樣有勇氣和責任心的主編來辦刊，它的精神與風骨，也就可想而知了。

從一九六四年開始，《上海文學》更名為《收穫》。這是它最大的一次改刊，由月刊改為雙月刊，還沿用了老《收穫》的刊名，以至現在還有人誤把它倆當成一家。其實它倆沒有任何血源關係，而且早在它的十一、十二期合刊號上，就刊出了〈本刊改名、改版為《收穫》雙月刊啟示〉說明了它的由來。而它之所以改名為《收穫》，用巴金的話來說，是因為有許多讀者希望停刊的老《收穫》復刊但又做不到，才不得不有此之舉。由此可知，弄清楚它的歷史沿革，向讀者講明它前後各刊的來龍去脈，非常必要也非常重要。

《收穫》出至一九六六年第二期停刊，前後共出十四期。十四期中除毛澤東的《詩詞十七首》、浩然的《豔陽天》、金敬邁的《歐陽海之歌》和幾部長篇小說，皆乏善可陳。但巴金的《大寨行》卻是例外，它發表在一九六五年第一期，長約兩萬字，是他散文中的長篇。它的價值不是對大寨的讚美，而是他用真實冷靜筆墨記錄下許多細節和人物，讓人深思和猛醒。他開篇就講了一個十四歲的孩子被選定為第四代接班人的故事：有一天，訪問大寨的解放軍戰士正要走進一富農的家，被此人給叫了回來，他就是因此而被發現的人才。試想如讓他這樣一個滿腦袋繃緊階級鬥爭之弦者接了班，那還不整天與人奮鬥？作家的良知就是敢用真實筆墨將事實原貌記錄下來，讓當時人警醒，供後人研究。這同樣需要勇氣和責任心。讀書要善於思考，有時還要「反其意而用之」。只有懂得他的苦心和用意才能讀懂《大寨行》，才能懂得為什麼改革開放，要先從先去大寨化的農村大包幹來開始。

該說《朝霞》了。它應不應當成為《上海文學》歷史沿革中的一環，恐怕會有許多人不予認可，他們還大都是在文化界主政人員。這是為什麼？就因為它曾被御封為「陰謀文藝」，名聲太臭的原故。但屁股再臭也扔不掉，無論怎麼說，它出生於此，也代表過上海。再退一步說，如不讓它認祖歸宗，那《上海文學》的歷史沿革就將出現一個長達十多年的空白期，這無論如何也沒法向歷史和後人來交代，而只有寬容一點，讓它的遊魂有所歸屬，方是善事一樁，更何況歷史還是不以個人意志為轉移的呢。

《朝霞》一九七四年一月二十日創刊，至一九七六年第九期停，前後共出三十三期。說句公道話，就它整體水平而言，在當時眾多文藝期刊中，還是唯它為馬首是瞻。有些人確實在用寫文章來向「四人幫」獻媚求寵，但大多數作者只是想一展文采。從這個角度來看，它也確實為他們提供了一個可展示丰采的平臺，現在也都成為了文學界的棟樑。而它發表的《女採購員》、《老實人的故事》，比起現在一些不堪入目的東西，還要強上百倍。

一九七七年十月二十日，《上海文藝》創刊出版，遭受重創的《上海文學》，終於以新名稱艱難露面。它雖然也發表了巴金的小說《楊林同志》，但從〈發刊詞〉中五個「堅持」可知，在「兩個凡是」的影響下，它還未能從「文革」的陰影中掙脫出來，甚至還是在穿著新鞋走老路。但它自改由巴金主政後，就校正了航向，不僅發表了〈生活知識技巧〉、〈藝術與民主〉這樣的理論文章，還發表了《滿月兒》、《我們的軍長》這樣的獲獎小說。

從一九七九年第一期起，它更名為《上海文學》，開始了《投入偉大的轉變》的切割性轉變。三十年河東三十年河西，幾經折騰，它又沿用了老名。這是在將「文藝」提升為「文學」大潮中的新進程，它當然也要不甘落後。但在總期號對接上，它卻自甘落伍，而且至今不思改悔。二〇〇九年第一期所標出的總期數三百七十五期，就是與《上海文藝》的總合，不包括其他幾種前刊。細究原因，這都是《朝霞》惹的禍。如與它們進行對接，面子上掛不住，還有藏污納垢之嫌；斷然切割呢，也於情於理不合。這才以「文革」為界，顯示了它的精明和智慧。

但是，甩下前刊，也就埋下了總期號混亂的禍根，也讓它在與前兩個《收穫》，成了一筆糊塗帳。由中國作家協會主辦的《收穫》應姓「中」，由《上海文學》更名改版的《收穫》應姓「上」。那一九七九年「復刊」的《收穫》呢？按道理它也應姓「上」，它總期數為十五期，就表明與姓「上」的《收穫》是一家。但就因它晚出世兩年，「戶口」已被《上海文學》雀巢鳩占，只好落在了「收穫編輯委員會」家裏改姓為「收」。清楚了這一點，它的「復刊」也就應當是創刊。為何這麼說？一山不容二虎，上海作協只能有一個機關刊物，既然位子已被《上海文學》佔有，它也只能另立門戶。其實，還是羅蓀說的對，〈三個《收穫》〉也就是三個獨立的《收穫》，只是人們不知它們各自的歷史沿革，才亂點鴛鴦譜。現在，已是正本清源的時候了。而清楚了《上海文學》的歷史沿革，這筆糊塗帳也就能夠捋順清楚了。

如果對《上海文學》的歷史沿革做一個簡單概括，它前三十年是折騰，後三十年為繁榮。折騰源於它與政治的捆綁，隨政治運動而運動，也就讓它無所適從直至一停數年，留下無盡的唏噓與反思；而繁榮源於文學與政治的鬆綁，它不再因政治而轟動，回歸於文學的本真。有此寬鬆大環境，它才有了大海一樣的包容與浩瀚，有了大海一樣的蔚藍與丰采，也有了大海一樣的胸襟與追求，它的未來也將是無限風光。

兩個《人民戲劇》

《中國戲劇》至今已創刊六十年。

追根溯源，它一九五〇年四月在上海創刊，原名《人民戲劇》。停刊兩年後，《戲劇報》一九五四年一月在北京創刊，出至一九六六年停刊，這是它第一時期；一九七六年三月，《人民戲劇》又在北京創刊，出至一九八二年底停刊；一九八三年一月，《戲劇報》復刊，幾年後改稱《中國戲劇》，這是它第二時期。清楚了《中國戲劇》分為兩個時期，也就清楚它的前身是《人民戲劇》和《戲劇報》，還各有兩個。花開兩朵，且表一枝，這裏先說兩個《人民戲劇》。為介紹方便，一個簡稱上海版，另一個則為北京版。

兩個《人民戲劇》因創刊年代不同，創刊宗旨也渾然有異。但也有一點相同，創刊號都將毛澤東的作品發為頭條。

上海版《人民戲劇》創刊號，首發毛澤東〈看了《逼上梁山》以後寫給延安平劇院的信〉全文。它為影印原件，一九六七年第七期《解放軍文藝》重新發表時，刪掉了「郭沫若在歷史話劇方面做了很多的工作，你們則在舊劇方面做了些工作。」這就是舊書刊獨有的魅力，它們更能展示歷史原貌。此外，它還發表了李宗津的《毛澤東畫像》。在它以後的幾期，也發表了有關毛澤東的美術、攝影作品多幅，以及「百花齊放，推陳出新」的題詞。有了這些稀見作品，它的收藏身價也將有增無減。

北京創刊的《人民戲劇》，發表了毛澤東的《詞二首》:《水調歌頭·重上井崗上》、《念奴嬌·鳥兒問答》。這就定下了它的創刊宗旨:「把刊物辦成無產階級專政的有力工具。」有了這個宗旨，創刊號也就成了《堅決回擊文藝界右傾反案風》專號。在這個專號，所發初瀾等人的批判文章就多達七篇。

上海版《人民戲劇》出滿兩卷十二期後，遷址北京。為做區別，刊名題字由印刷體改為手寫體。但題字是否由魯迅的手跡集字而來，只能存疑。此後，它出刊到一九五一年底停刊，前後共出二十期。

與它相比，北京版《人民戲劇》的刊名題字更換了四次。創刊第一年為印刷體:第二年改為手寫體，也不知為何人所題；一九七七年底，英明領袖為它題寫了刊名，自此就改用華體；到了一九八一年，又改換一體。這位書家雖然不示名姓，但從「戲劇」繁體字筆跡來看，它應是《戲劇報》主編田漢的所書。此之所為，也許是為《戲劇報》復刊，先來個熱身。

上海版《人民戲劇》，出刊了四個專號：一是創刊特大號，二是蕭伯納紀念專號，三是劇本專號。劇本專號為兩期，一個是第一卷第四期，另一個是第二卷第四期。它們共刊出劇本九個:《朝鮮風雲》、《不拿槍的敵人》、《摘棉花》、《把炮彈打出去》、《人民的意志》和《考煤工》:另外還有三個翻譯作品。它們有多幕有獨幕，有話劇、京劇還有歌劇，在當時都頗有影響。

北京版《人民戲劇》在創刊之初為不定期，自第三期改為月刊，出至一九八〇年第六期，總期數開始與《戲劇報》續接，為總二七七期；它所發表的較有影響劇本是:創刊號上的《紅雲崗》、《審椅子》，此後依次有:《園丁之歌》、《萬水千山》、《豹子灣戰鬥》、《曙光》、《決戰》等，它們之中還有我們唐山的影調劇《彩霞》。到了一九七九年《劇本》復刊，它就很少發表劇本；三年後它完成了自己的使命，就成為收藏者所青睞的舊刊了。

從《人民戲劇》創刊，到《戲劇報》停刊，十七年間田漢都是主編。只是這位戲劇界享有盛名的田老大，再也看不到《戲劇報》復刊了。北京版《人民戲劇》在創刊之初，只設編委會，到了一九八〇年，才改由劉厚生為掌門人。時光飛逝，三十年過去，彈指一揮間，現在《中國戲劇》已改為大十六開豪華本，出刊總期數也突破了六百大關。江山代有才人出，各領風騷幾十年。但賞讀時應當知道，此前曾有兩個《人民戲劇》，為它現在的輝煌打下了堅實基礎。

東西南北創刊號

先解題。這裏所說的東西南北，是指建國之初的東北、西北、華南、西南四大行政區，不是《東西南北》雜誌。這四大行政區的《東北文藝》、《西北文藝》、《華南文藝》和《西南文藝》創刊號，正好占全了東西南北四個方位，就合在一起來介紹。

《東北文藝》一九五〇年二月創刊，主編蔡天心，編委有王曼碩、古元、白朗、安波、李劫夫、馬加、陳其通、舒群、塞克、蔡天心、劉芝明和羅烽。它的主要作品有小說三篇：馬加的〈雙龍河〉、白朗的〈不朽的英雄〉、江帆的〈創造〉。此外，還有井岩盾的詩〈史達林和我們在一起〉、謝挺宇的書評〈《北線》與《列寧格勒記》〉。在〈發刊詞〉中，它提出的任務是團結東北作家，「表現人民大眾在革命生產建設中的優秀品質和偉大業績。」這幾篇出自名家之手的作品，都秉承的是這一宗旨。

《東北文藝》出至一九五二年第十二期，刊出了一則〈終刊啟事〉，從此就完成了它的使命。此後，隨著大行政區的撤銷，它一分為三，創辦了《北方》、《長春》和《鴨綠江》。從此東北三省文聯的會刊，就各展丰采，也贏得讀者的喜愛。當然，它們的刊名有的是一步到位，有的則幾經改換，這各有各的路數。

西北文學藝術工作者代表大會閉幕後，一九五〇年十月五日，《西北文藝》在西安創刊。按照〈代發刊詞——迎接西北文藝運動的新時期〉的辦刊宗旨，它隆重推出王汶石的中篇小說《阿爸的憤怒》，胡采、鄭伯奇的理論文章《創作的主題》、《如何開展創作》，陳光的劇本《三千螺絲釘》，以及沙駝玲的書評〈略評《戰鬥裏成長》〉，展示了他們的創作實力和丰采。

西北地方轄有陝西、寧夏、甘肅、青海和新疆。自一九五六年起，陝西創辦了《延河》、甘肅創辦了《飛天》、寧夏創辦了《朔方》、青海創辦了《青海湖》、新疆創辦了《天山》。它們也是有前有後，有的幾經改名。從這裏走出來的知名作家數不勝數，但名望較高的則屬賈平凹、陳忠實和張賢亮。如果說影響巨大，當為張賢亮，不說作品，只是由他創辦的鎮北堡電影城，如今已成為中外馳名的旅遊名勝之地。

《華南文藝》一九五〇年十月一日在廣州創刊，屬於純正的「國慶」創刊號。它由歐陽山任主編，下設編委十五人，他們是歐陽山、陳鋼鳴、王了一、林林、華嘉、陳殘雲、李門、黃寧嬰、葉素、黃新波、樓棲、韓北屏、陳卓猷、黃河、陳蘆荻。它的主要作品有：社論《團結起來，力求進步！》、陽太陽的詩《你是光，你是太陽！》、陳殘雲的小說《受騙的人》、林林的評論《貧農詩人李昌林》，此外還有李樺、黃新波和關山月等人的美術作品，展示了他們的創作風格，也顯現了南國風光和情調。

華南地區包括廣東、廣西、海南和香港。它們後來分別創辦了《作品》、《廣西文學》和《天涯》。香港屬於一國兩制，它的刊物還無緣相見；海南雖然是改革開放之後設為省制，但《天涯》則是後來居上，也更有可讀性。

《西南文藝》一九五一年十月二十五日在重慶創刊，印數一萬兩千冊。它與《西北文藝》一樣，也只設有編委會。它的主要作品有：胡耀邦的《表現新英雄新人物是我們的創作方向》、遙攀的小說《熱愛祖國的人》、蕭臾的小說《丈夫和妻子》、顧工等人的獨幕劇《什麼最危險》，以及陸萬美的回憶錄《追記魯迅先生在「北京五講」前後》。在這作品中，胡耀邦和陸萬美的文章具有文獻價值，但陸萬美的文章因入選《魯迅研究資料》，傳播較廣，而胡耀邦的這篇文章卻鮮為人知。其實，此文與他後來的文藝理論和文藝思想，是一脈相承的。

西南地區包括四川、雲南、貴州和西藏，重慶已改設直轄市。《西南文藝》停刊後，四川創辦了《四川文學》、雲南創辦了《邊疆文學》、貴州創辦了《山花》、西藏創辦了《西藏文學》、重慶創辦了《紅岩》。西南地區有獨特的地域文化和風土人情，它們的文學也獨具魅力。現在最出色的作家當屬阿來，他的《塵埃落定》獲得了茅盾文學獎，《格薩爾王》也呼聲甚高，又值年富力強之時，自然還會有更好的作品出世。

這四個創刊號，都是十六開本。關於它們的作品，平心而論，均乏善可陳。何以見得呢？為展示建國三十年小說創作的丰采，一九七九年出版了三卷本的《建國以來短篇小說》。在所入選的作家中，只有歐陽山、王汶石兩人，但也都為後期之作。它們尚且如此，其他省市作品的水平，也就可想而知了。說此，意在提醒收藏者，建國初期的一些創刊號雖較少見，但從閱讀及研究上來考慮，可以說書價均已離譜的都物無所值，選購時應慎之又慎。

夏承燾與《文學研究》

《文學研究》一九五七年創刊，自一九五九年起改名為《文學評論》，出至一九六六年第三期停刊，前後共出四十六期。一代宗詞夏承燾，在它所設置的三十五把編委交椅中，自然就給了他一個重要的席位，也就與《文學研究》有了不結之緣。反右時撤下七名編委，他安然無恙；拔白旗中雖有驚但無險，真可以說是山幸水幸。有此，他在此發表了六篇文章，為一代宗詞的建樹，又更上了一層樓。

做為一代詞宗，夏承燾在創刊號上發表了《論姜夔詞》。他對姜夔詞風的研究，是從詩詞比較處著眼，來見證各有所長：「白石作品，在文學史上的評價是詞比詩高。我現在論他的詞，可先從他的詩說起。我以為若瞭解他的詩風轉變的經過，是會更易瞭解他的詞的造就的。」「白石的詩風是從江西派走向晚唐的，他的詞正復相似，也是出入於江西和晚唐的，是要用江西派詩來匡救晚唐溫（庭筠）韋（莊）以及北宋柳（永）周（邦彥）的詞風的。」有論者稱：他的這個觀點與繆鉞接近，所用方法也是受了繆鉞的啟發。

除了創刊號上的文章，他在一九五七年第三期，又發表了〈姜夔詞編年箋校〉。此後還在一九五八年第一期，發表了〈杜詩札叢〉；一九五九年第三期，發表了〈辛棄疾詞綱〉；一九六一年第四期，發表了〈李清照的藝術特色〉；一九六二年第一期，發表了〈詞論十評〉；一九六三年第二期，發表了〈陸游的詞〉。從一九六四年起，因辦刊宗旨的改變，他的文章因屬於「封、資、修」已不為時勢所容，也就很難發表，再也見不到了。一九六五年第一期，在所發表的四篇讀者評刊文章中，都對他這一類的文章提出了尖銳批評，帽子也高的非常嚇人。

在〈李清照的藝術特色〉中，他首先把她的詞風歸納為「明白如話」四個字。接著就從「不羈的性格」與「平凡的環境」的衝突這個層面，分析其風格的成因：「由於她有深沉的生活感受，所以不需要浮辭豔采，」「由於她有坦率的情操，沒有什麼不可告人之隱，所以敢於直言無諱。」然後又參照李清照《詞論》，進一步探討其風格的成因。他通過對文本的考察，指出《詞論》應該是李清照早年的作品；認為她後期的創作於她的理論有突破，也有堅持，突破在「故實」、「文雅」、「典重」諸項，堅持在「詞別是一家。」凡此，都是「詞外看詞」之所得，其見解已經超過了前人和時賢。但他並沒有到此為止，還詳細分析了她各首詞的音律特點。認為李詞還有「明白好懂的音律聲調。」他指出，《聲聲慢》「尤其是末了幾句，『梧桐更兼細雨，到黃昏點點滴滴，這次第，怎一個愁字了得！』二十多字裏舌齒兩聲交加重疊，這應是有意用齧齒叮嚀的口吻，寫自己憂鬱惝倪的心情。不但讀來明白如話，聽來也有明顯的聲調美，充分表現樂章的特色。」有此分析論證，他才有出語驚人的結論：「宋人只驚奇它開頭敢用十四個重疊字，還不曾注意到它全首聲調的美妙。」但對他這獨具慧眼之語，除了讓今人為之嘆服，恐怕連李清照，也得為有此知音而倍感欣慰了。

在〈陸游的詞〉中，他把陸游的詩和詞結合起來，通過考察和比較，再進行評論。他指出：「陸游的詩，由江西派入而不由江西派出，精能圓熟，不為佶屈槎枒之態，他的詞也同此風格」；然後又將陸游文集關於詞的文字都列出來，一一加以闡述，指出陸游的見解是重詩輕詞。但是這樣也有它的獨到之處：「當陸游以他作詩的工力作『詩餘』時，便自在遊行，有『運斤成風』之樂。這猶之大書家傾其一生精力臨摹金石、篆、隸，偶然畫幾筆寫意花草，卻更見精力充沛。藝術的境界，有時原不能專力以取，卻於『餘事』中偶得之。陸游的詞，可說確能到此境地。」夏承燾又言：「若以『夷然不屑，所以尤高』八個字評陸游的詞，我以為卻很恰當。『夷然不屑』不是就內容說，而是說他不欲以詞人自限，所以能高出一般詞人。陸游的《文章》詩裏有兩句傳誦的名句：『文章本天成，妙手偶得之。』這十個字可以評贊一切大作家的小品。必先有工力深湛、規矩從心的『妙』手，才會有不假思索的『偶』得。這是來自學力、才氣的交相融會。兩宋以來一切大文豪大作家如蘇軾、辛棄疾、陳亮諸人的『詩餘』、『語業』，大都如此，《放翁詞》的許多名作，也複如此。」如此包含著大智慧的見解，非他這樣一代詞宗所不能道，也唯有象他這樣對於詞能入能出的大徹大悟，才能達到這個高度。

這大智慧的見解，其實也是他自身的寫照。他說過，他的天份很低，能在詞學研究上取得一點，全靠笨功夫。「笨」從本，他就靠手不釋卷、手不離筆，又有能入能出的思考，才讓人刮目相看。如從他發表在《文學研究》的這些文章的字數來看，《論姜夔詞》約一萬五千字，〈姜夔詞編年箋校〉略少一些；〈辛棄疾詞綱〉、〈李清照的藝術特色〉，以及〈陸游的詞〉，也都是七八千字的長文。這樣的長文，要一個字一個的手寫，還要查資料、搞索引、校失誤，此外，他還要教書、參加各種社會活動，如不去硬擠時間，恐怕是沒有一絲空閒的。這也是他雖沒讀過大學，卻能成為知名教授和一代詞宗的唯一途徑。「書山有路勤為徑，書海無涯苦做舟」，這正是對他的最好寫照。十年《文學研究》編委，六篇詞學文章收穫，記錄得正是他的讀書治學的勤奮與甘苦。無此，也就不會有他一代詞宗的成就和輝煌。

而今《文學研究》依然在，一代詞宗從此無，思之好不惆悵若失！

後記

編成這部書稿還想出版，目的有兩個：一為圓夢，二是還債。世事滄桑，現在終於可以圓夢還債了，自然要將這兩個目的講清楚。這說來話長，且先從圓夢說起。

〈我的理想〉這個作文題目，自上小學起就屢出屢寫。我按老師的指導都瞎寫了些什麼，早已忘光了。但我的作家夢卻始終沒有寫。不是不想，而是不敢。不敢是目的不光彩。聽老師說，作家就是坐在家中寫書，這也就成了我的人生追求。農村太窮太苦了，想逃脫也僅有這座獨木橋。然而這對於我一個傻小子來說，無異於是癩蛤蟆想吃天鵝肉。但有了夢就想圓，幾篇小豆腐塊一上報屁股，這野心就開始膨脹。有一次與文友閒聊到情緒失控時，就順嘴蹦出了這麼句話：我也要出一本書。

這是一九七七年九月的事。那時我正在礦宣傳隊當大寫，為抓出拳頭作品，被派往北戴河礦工療養院去參加創作會。有一天晚上在海灘散步，閒聊中那野心就不在潛伏了。月色朦朧，我沒看見那位文友的臉是否因吃驚而變色。又過了十多年，當人家真得出本書了，我早已在養雞場聞臭味去了。接過贈書，看到〈後記〉中的這段舊事重提，不由地為之苦笑。由此總算明白了，所謂理想，應當是在合理前提下通過努力還可以達到的想法，否則那就是不切合實際的妄想。

然而，真是到啥時候啥說話，賦閒了無事可幹了，藏書也漸紅漸火了，就手癢難耐地又拿起筆來。如此七八年，長長短短地積攢些文稿，就又有了圓夢的野心。此時畢竟年歲大了，也知道自己幾斤幾兩，這野心就潛伏的再不敢張牙舞爪。出書太難了，有些學者教授都望出而歎，我這無名小輩，無異是自尋煩惱。當然如肯自費，那也是小菜一碟，可歎我非大款，又不肯當這個冤大頭。但有一天看見散發小廣告者那種不辭辛苦勁，這才有了頓悟。他們所為何來？為了廣而告之，也就是為了宣傳，這也是捨不得孩子套不住狼。自費出書與散發廣告一樣，也是為了宣傳，那怕是遇到一個知音，也沒白費心血；而且書比人壽長，留得青山在，何愁沒柴燒。明乎此，也就能明白，自費書刊為何如雨後春筍，而且還爭先恐後。

作者自費出書辦刊，其實也是在爭取出版權利。出版得經過有關部門的審批，但由於人所共知的原因，有些著作卻得不到允許；而作者又想得到讀者的認可，這才有了這種無奈選擇。幸虧改革開放不再將此識為非法，這就形成了銳不可當之勢。這其實還是出於作者的自信，而有些自費書也確實值得一讀。我以前對此不大理解，除了淺薄和可憐，骨子裏還有奴性在做祟。真是屁股決定腦袋，有此頓悟，也就有了我的第一本自費書：《真情難忘》。

然而自費總不如正式出版好，這除了少一點破費，還可以正大光明地來銷售。有此想法，就不禁對謝泳、阿瀅和朱航滿等先生大為羨慕。他們能「牆裏開花牆外香」，就是幸遇蔡登山先生的青睞。我還有點自知之明，對此除了羨慕，那就想通過努力來爭取這個紅繡球。但讓我萬萬沒有想到，經過王稼句先生的舉薦，這書稿還真被秀威書局納入了出版計畫。收到蔡先生的電郵，我的誠惶誠恐，套用阿瀅《台島書緣》中的那句話，真是「像做夢一樣」。小子何德何能，竟也有此幸遇？一個好漢三個幫，我如無眾位師友相助，又怎能交此「桃花運」？

寫讀書隨筆類的文字，這對我來說無異於半路出家，能有一點長進，就得益於各位師友的厚愛與幫助。他們除了在寫作上給予指點，年年還收到不少的贈書，我無以回報，這就想東施效顰的來個秀才人情紙半張。有此心願，還想將自己的文章彙編成總，讓師友來斧正指謬，也為得是以後還能有點提高。如果也來個自做鑒定，我只能算是一個文學愛好者中的破落戶。這除了目的不純，那就是天姿愚笨。自知不是這裏的蟲，當年就知趣的來了個抽身而退。偏偏老了又犯了寫癮，還在書話熱中沾了一點光。但大躍進中那些過把民歌癮就煙消霧散者，正可用來自警，自己如果不想步他們後塵，除了提高，別無他術，而這就全憑師友們指點迷津。寫作其實也是一種手藝，有些奧妙就像窗戶紙一點就透。有此見識，將它們彙總成書，就如同將自己的描紅作業交給老師一樣，期待耳提面命。這是我的真心實話，現在寫東西，已無名利誘惑，只想將新的發現和新的見識道與他人。但願望雖好，想提高卻實在很難。將這幾年來歪歪斜斜的腳印，匯總在一起請師友給予點撥指正，讓我多一點清醒，少一些迷惘，從而走的更端正更順暢些，這才是最大的希冀和期望。這樣一來，這還債也就變成了示醜。然而捨得捨得，只有敢捨其醜處，才能得其教誨，果能如此，我就是捨小而得大了。

有此希望，我的送鵝毛就有點誠惶誠恐。這說來慚愧，惶恐是因與師友們贈書有所不同，也就是以印代名。所謂以印代名就是用和為貴的閒章代替我的簽名。師友在寄贈給我每冊新書時，都有題款和簽名，讓我在欣賞墨寶之時，還有如晤其面之感。現在我來還債了，也應當恭恭敬敬的見賢思齊，無奈字本來就醜如墨豬，又新添了手顫的毛病，就更加狀如塗鴉。唯恐翻書先有三分不快，只好讓它「質本潔來還潔去」。這個意願，早在《我的兩枚閒章》

中已有表明；再則還可隨便處置，有此有益無害，就將它只留一身清白。在寄贈《真情難忘》時，已是以印代簽，這裏特來說明，還望師友們多加諒解。

最後，我還要說明的是，這些文章大多已散見於各個報刊，但這次結集時，有些文字又作了改動；另外，我還想借此機會，向各位師友和編輯，表達我衷心的謝意。無有眾位指點和提攜，我恐怕還不知讀書隨筆為何物，更別說寫作出書了。這早已牢記於心，也將永誌不忘。有了師友們對它的指謬與教正，或許我還能再出一本，寫的也更好一點。

語言文學類　PG0607

閒讀亂彈

——二十世紀中國文人的風骨與追求

作　　者 / 董國和
主　　編 / 蔡登山
責任編輯 / 陳佳怡
圖文排版 / 姚宜婷
封面設計 / 陳佩蓉

發 行 人 / 宋政坤
法律顧問 / 毛國樑　律師
出版發行 / 秀威資訊科技股份有限公司
114 台北市內湖區瑞光路 76 巷 65 號 1 樓
電話：+886-2-2796-3638　傳真：+886-2-2796-1377
http://www.showwe.com.tw
劃撥帳號 / 19563868　戶名：秀威資訊科技股份有限公司
讀者服務信箱：service@showwe.com.tw
展售門市 / 國家書店（松江門市）
104 台北市中山區松江路 209 號 1 樓
電話：+886-2-2518-0207　傳真：+886-2-2518-0778
網路訂購 / 秀威網路書店：http://www.bodbooks.com.tw
國家網路書店：http://www.govbooks.com.tw

2011 年 9 月 BOD 一版
定價：300 元

國家圖書館出版品預行編目

閒讀亂彈：二十世紀中國文人的風骨與追求
/ 董國和著. -- 一版. -- 臺北市：秀威資訊
科技, 2011.09
面；　公分. -- (語言文學類；PG0607)
BOD 版
ISBN 978-986-221-791-7(平裝)

1.書評

011.69　　　　　　　　　　100014139

讀者回函卡

感謝您購買本書，為提升服務品質，請填妥以下資料，將讀者回函卡直接寄回或傳真本公司，收到您的寶貴意見後，我們會收藏記錄及檢討，謝謝！
如您需要了解本公司最新出版書目、購書優惠或企劃活動，歡迎您上網查詢或下載相關資料：http:// www.showwe.com.tw

您購買的書名：________________________________

出生日期：________年________月________日

學歷：□高中(含)以下　□大專　□研究所(含)以上

職業：□製造業　□金融業　□資訊業　□軍警　□傳播業　□自由業
　　　□服務業　□公務員　□教職　□學生　□家管　□其它____

購書地點：□網路書店　□實體書店　□書展　□郵購　□贈閱　□其他

您從何得知本書的消息？
　□網路書店　□實體書店　□網路搜尋　□電子報　□書訊　□雜誌
　□傳播媒體　□親友推薦　□網站推薦　□部落格　□其他________

您對本書的評價：(請填代號　1.非常滿意　2.滿意　3.尚可　4.再改進)
　封面設計____　版面編排____　內容____　文／譯筆____　價格____

讀完書後您覺得：
　□很有收穫　□有收穫　□收穫不多　□沒收穫

對我們的建議：________________________________

____

____

____

請貼
郵票

11466
台北市內湖區瑞光路 76 巷 65 號 1 樓
秀威資訊科技股份有限公司 收
BOD 數位出版事業部

....

（請沿線對折寄回，謝謝！）

姓　　名：＿＿＿＿＿＿＿＿　年齡：＿＿＿＿　性別：□女　□男

郵遞區號：□□□□□

地　　址：＿＿＿＿＿＿＿＿＿＿＿＿＿＿＿＿＿＿＿＿

聯絡電話：(日)＿＿＿＿＿＿＿＿＿＿(夜)＿＿＿＿＿＿＿＿＿＿

E-mail：＿＿＿＿＿＿＿＿＿＿＿＿＿＿＿＿＿＿＿＿